中国小农户经营
规模变迁与生产效率研究

· 张学彪　著 ·

中国农业科学技术出版社

图书在版编目（CIP）数据

中国小农户经营规模变迁与生产效率研究 / 张学彪著．—北京：中国农业科学技术出版社，2018.12

ISBN 978-7-5116-4008-6

Ⅰ.①中…　Ⅱ.①张…　Ⅲ.①农户-经营管理-研究-中国　Ⅳ.①F325.15

中国版本图书馆 CIP 数据核字（2018）第 297286 号

责任编辑　穆玉红
责任校对　贾海霞

出 版 者　中国农业科学技术出版社
北京市中关村南大街 12 号　邮编：100081
电　　话　（010）82106626（编辑室）　（010）82109702（发行部）
（010）82109709（读者服务部）
传　　真　（010）82106626
网　　址　http://www.castp.cn
经 销 者　各地新华书店
印 刷 者　北京建宏印刷有限公司
开　　本　710mm×1 000mm　1/16
印　　张　7
字　　数　150 千字
版　　次　2018 年 12 月第 1 版　2018 年 12 月第 1 次印刷
定　　价　45.00 元

前 言

长期以来，理论界对农户经营规模与农业生产效率之间关系的研究从未间断，两者的关系也一直存在争议。不同学者针对不同地区、不同国家、不同时期、不同品种的研究得出了截然不同的结论，从最初的反向关系，到正向关系，再到提出的倒“U”形假说，在丰富相关研究内容的同时，也提出了更深层次的问题，即农户经营规模与生产效率之间的关系究竟如何？农户经营规模的变迁是否存在客观性的规律？实现小农户现代化是否有可以依赖的路径机制？等等。自党的十八大明确提出培育新型农业经营主体以来，中国新型农业经营主体发展迅速，并逐渐在确保国家粮食安全和主要农产品有效供给方面发挥着越来越重要的作用，发展适度规模经营正成为社会各界的广泛共识。但是，作为一个发展中农业大国，中国农业经营的主体仍是小农户，绝大多数农户经营规模低于 2 公顷（1 公顷 = 15 亩，1 亩 ≈ $667m^2$，全书同），因此，现阶段研究中国农户经营规模变化与生产效率之间的关系等内容，不仅有助于丰富相关研究理论，而且对于实现小农户与现代农业有机衔接、促进小农户转型具有重要的现实意义。

本书基于全国农村固定观察点数据系统分析当前中国小农户发展的阶段性特征，深入研究不同区域、不同品种、不同类型的农户经营规模与生产效率之间的关系，全面探讨影响农户经营规模的各种因素及影响机理。本研究的创新性主要体现在以下三个方面。

第一，将对农户经营规模与生产效率之间关系的研究由静态、单维度拓展到动态、多维度。这就有助于把握当前中国小农户的阶段性特征及变迁路径。本书基于全国农村固定观察点的连续大样本数据进行农户经营规模与生产效率之间关系的比较研究，将对农户经营规模与生产效率之间关系的研究从单个地区、单个品种、单个时期拓展到全国不同区域、不同品种以及不同时期，实现了两者关系动态变迁的系统分析。研究表明，21 世纪以来，中国小农户发展正呈现出新的阶段性特征，如户均经营规模由递减转为递增，小规模农户和大规模农户数量增长、中间规模农户数量下降等，且区域性差异较大；家庭特征、经营耕地、粮食收入、农业经营收入、单要素生产率等各指标的动态变化与农户经营规模之间均存在显著关系，如粮食收入占总收入比重在户均经营规模超过2公顷时开始超过50%等；不同时期、不同品种农户经营规模与生产效率之间关系的变化存在显著差异，如“十二五”时期以来，中国粮食作物的土地生产率与经营规模之间的关系发生明显变化，由早期的显著反向转变为当前的显著正向，表明粮食作物规模化经营的优势正在显现，四大粮食品种差异显著。

第二，实证分析了不同品种生产效率与经营规模的关系特点，证实了最优经营规模的存在。针对是否存在最优的农户经营规模这一问题，创新性地将农户经营规模的单次项和二次项带入到不同品种的模型方程，通过对单次项系数和二次项系数的估计得出了不同品种生产效率与经营规模的关系特点，验证了最优经营规模的存在，并通过不同品种的比较研究进一步剖析原因。研究发现，不同粮食品种全要素生产率与农户经营规模之间的关系差异较大，小麦和水稻的全要素生产率和农户经营规模之间的倒“U”形关系显著，转折点出现在2公顷左右，这一结果客观证实了小麦和水稻种植最优经营规模的存在，也补充了之前研究关于“小农户更有效率”的结论。小麦、水稻、玉米和大豆四大粮食作物的技术效率与农户经营规模均存在显著关系，但是小麦、水稻和玉米与经营规模的关系为正向，大豆则是反向。此外，基于非平衡的面板数据，还考虑了受教育程度、户主年龄、非农就业、技术进步、耕地细碎化等因素对技术效率和全要素生产率的影响。

第三，系统分析了最优农户经营规模的变迁路径及其重要影响因素的影响机理。基于传统的经济学理论框架研究了最优农户经营规模的变迁路径，并系统分析了农业科技进步、农地制度、农业政策、新型城镇化及人口结构变化等重要因素的影响机理。随着新型城镇化的快速推进，农业生产的机会成本仍在不断攀升，对农村劳动力的吸引仍在继续，农户经营规模呈扩大趋势，人口结构变化将使这一趋势加快，推动乡村振兴要及时制定应对政策。

目　录

图目录

表目录

第一章 综 述

长期以来，理论界对农户经营规模与农业生产效率之间关系的研究从未间断，两者的关系也一直存在争议。根据传统的农业发展理论，不断增长的人口压力是影响农业生产关系的关键外生变量，人口增长引起土地利用的强化，使传统农业向集约农业转变。但是，由于交易成本的存在，即对雇工的监督使农业生产最理想的经营单位就是家庭。对于农户经营规模与生产效率之间的关系，不同学者针对不同地区、不同国家、不同时期、不同品种的研究得出了截然不同的结论，从最初的反向关系，到正向关系，再到提出的倒“U”形假说，在丰富相关研究内容的同时，也提出了一系列更深层次的问题，如农户经营规模的变化是否存在客观性的规律？农户经营规模与生产效率的关系究竟如何？实现小农户现代化是否有可以依赖的路径机制？等等。自党的十八大明确提出培育新型农业经营主体以来，中国新型农业经营主体发展迅速，并逐渐在确保国家粮食安全和主要农产品有效供给方面发挥着越来越重要的作用，发展适度规模经营正成为社会各界的广泛共识。与此同时，中国农业经营的主体仍是小农户，绝大多数农户经营规模低于 2 公顷。因此，现阶段研究中国农户经营规模变化与生产效率之间的关系等内容对于实现小农户与现代农业有机衔接、促进中国小农户转型、推动新时期乡村振兴具有重要的现实意义。

第一节 问题的提出

一、小农户仍在全球农业生产系统中占据重要地位

目前，小农户在全球经济发展中还发挥着极其重要的作用，尤其是在发展中国家，它在提高农民收入、提供就业机会、确保食物安全和维护农业多功能性方面意义重大。20 世纪 80 年代初，中国农村改革确立了以家庭为单位的小农经营结构。实践证明，当时的小农户经营结构适合改革开放初期的国民经济环境，不仅增加了国家粮食产量，解决了城乡居民吃饭的基本问

题，更是提高了农业生产效率，促进了农民增收，为农业农村繁荣发展奠定了坚实的基础。进入21世纪后，由于新型工业化、城镇化的快速发展以及国民经济发展步入新常态，长期以来粗放式经营积累的深层次矛盾逐渐显现，农业可持续发展开始面临着前所未有的重大挑战，尤其是在农业劳动力转移加速背景下农业适度规模经营呼声渐高，家庭农场、种粮大户和合作社等新型农业经营主体获得迅速发展，农业机械化及科技进步等因素正在削弱传统的小农户经营优势。但是，基于人多地少的基本国情，虽然新型农业经营主体发展迅速，但是占据绝大多数的小农户经营仍是农业经营制度的主体。按照世界银行（2003）关于小农户2公顷的定义标准，中国拥有约1.93亿小农户，占世界小农数量的38.6%，约95%的农户耕地面积低于2公顷（Thapa and Gaiha，2011），属于典型的小农户经营结构。在现有的农村基本经营制度框架下，在未来很长一段时间内，小农户可能仍将是中国农业经营的主体。

二、促进小农户与现代农业有机衔接的政策环境正在发生改变

现阶段，中国小农户发展面临的国家政策环境正悄然发生重大变化，小农户发展也逐渐体现出新的阶段性特征。党的十八大报告提出要坚持走中国特色新型工业化、信息化、城镇化、农业现代化道路，促进工业化、信息化、城镇化、农业现代化同步发展。党的十八届三中全会进一步提出要通过健全体制机制，形成以工促农、以城带乡、工农互惠、城乡一体的新型工农城乡关系，并要求加快构建新型农业经营体系，推进城乡要素平等交换和公共资源均衡配置，完善城镇化健康发展体制。在决胜全面建成小康社会的关键时期，党的十九大明确提出实施乡村振兴战略，加快构建现代农业产业体系、生产体系、经营体系，完善农业支持保护制度，发展多种形式适度规模经营，培育新型农业经营主体，健全农业社会化服务体系，实现小农户和现代农业发展有机衔接。在新型农业经营主体迅速发展的同时，社会各界也逐步认识到小农户在农业农村发展中的重要地位，小农户将是新时期乡村振兴的重要力量，着力推动小农户与新型农业经营主体有机结合、促进小农户与现代农业有机衔接成为新时期乡村振兴的重要内容。小农户的发展与国家的农村土地制度密切相关。党的十八大以来，为适应农业农村发展新形势，国家以《中共中央关于全面深化改革若干重大重大问题的决定》为总纲，印发《关于完善农村土地所有权承包权经营权分置办法的意见》等文件，正式提

出新一轮农地制度改革的总体框架，即承包地“三权分置”，通过改革，落实集体所有权，稳定农户承包权，放活土地经营权，形成层次分明、结构合理、平等保护的“三权分置”格局。自改革开放以来，农村剩余劳动力大量涌向城镇，涌入非农产业就业，出现了农村土地经营者与承包者的逐步分离，本轮农地制度改革正视这一现状，并对土地所有者的权利进行细分，但是这次改革并不改变农村土地集体所有和家庭承包经营制度，家庭承包仍是农村土地经营的基本单元。考虑到现有土地承包关系保持稳定并长久不变，在相当长的时期内，小农户发展仍将是农业农村的基本主力，但是其所面临的内外部环境已然发生了重大变化，需要对现阶段小农户发展的特征、演进及生产效率的变化等问题进行深入研究，客观评估小农户在农业农村发展中的历史地位及作用，系统分析不同类型农户生产效率的变化，准确把握当前小农户发展的阶段性特征，为促进小农户与现代农业发展有机衔接提出切实可行的政策建议，助力新时代乡村振兴战略的稳步推进，为决胜全面建成小康社会打下坚实基础。

三、准确把握小农户经营优势的动态变化是推动现阶段农业转型的重要前提

国际经验表明，虽然小农户的生产力水平从未衰落，甚至其生产效率指标高于大规模农户，但是其发展却与国家整个宏观经济形势密切相关，随着经济社会的发展，小农户的数量在稳定地持续减少（Pyle，2005；Fan *et al.*，2013）。在日益成熟的市场体系中，受劳动力、交通、金融及非农产业发展等各种因素影响，小农户经营的优势会逐渐被劣势所掩盖，农地规模经营优势逐渐显现，例如，小农户是农产品价格的接受者，仅能依靠增加产出来维持本来就很微薄的利润，受市场波动影响明显，同时还面临着生产环节的自然风险和生产资料的市场风险。当小农户在面临各种风险时的负面效应超过其本身的优势价值时，小农户经营的转型将变得非常必要。同时，国家宏观经济环境的变化也使小农户经营的成本逐渐增加甚至超过规模农户，生产效率出现下降，维持小农户经营的生产模式将面临巨大挑战，这为国家实施何种农业政策提供了不同视角。作为一个农业大国，中国正处在工业化、城镇化加速发展时期，农业农村经济发展的基础条件发生了重大变化，小农户自身优势的基础即劳动力优势逐渐变得不再明显，农产品市场的剧烈波动更凸显出小农户经营的脆弱性。正是基于小农户经营优势的动态变化，中国政府于2013年明确提出要培育新型农业经济主体，促进农业农村现代化发

展。作为一个农业大国，小农户经营的结构转型将是一项重大的系统工程，无论是人多地少的基本国情，还是区域、经济发展及自然条件等各种差异都增加了小农转型的艰巨性和复杂性。

现阶段，中国农业农村发展面临的资源环境等传统约束和非传统约束更为突出，面临的各种形势更为严峻，既面临新型城镇化和产业结构转型升级的压力，又要为确保国家粮食安全做出贡献。作为一个农业大国和人口大国，从小农户的视角研究农业转型和小农户生产效率变化具有重要的现实意义和理论意义，既可深入了解全球范围内小农经济发展的客观规律，把握当前中国小农户发展的阶段性特征，又可系统分析小农户经营规模的变迁，并结合基本国情探索具有中国特色的小农户转型之路，为现阶段推动中国农业规模化发展提供路径选择，实现农业农村的现代化。

第二节　研究目的及意义

一、研究目的

本研究以经济学理论为基础建立起农户经营规模与经济发展相关联的基本框架，深入研究新时代中国小农户发展的演进规律及生产效率变化，准确把握小农户发展的阶段性特征，分析测算不同区域、不同品种、不同类型农户生产效率，认真总结小农户在新时期宏观经济形势下的基本特征和所面临的重要挑战，探讨小农户的发展前景和农户经营规模的路径选择，为新时期推进小农户成功转型、实现乡村振兴奠定基础。具体研究目的包括如下。

第一，准确掌握中国小农户发展的历史阶段和当前特征，为推动新时期新型农业经营主体发展提供理论支撑；

第二，深入分析不同时期、不同作物、不同规模类型农户生产效率的变化，为提升新时期农业全要素生产率提供路径选择；

第三，实证研究不同品种农户经营规模与生产效率之间的关系；

第四，系统考察影响小农户转型发展的因素，为促进小农户与现代农业发展有机衔接提供决策参考。

二、研究意义

党的十八大以来，新型农业经营主体发展迅速，农户经营规模呈不断扩大趋势。2013 年中央一号文件指出推进现代农业建设要创新农业生产经营组织，保障农户生产经营的主体地位，并培育和壮大专业大户、家庭农场、农民合作社等新型农业生产经营主体。2014 年，农业部颁布《关于促进家庭农场发展的指导意见》，提出家庭农场经营规模要适度，收入水平能与当地城镇居民相当，实现较高的土地产出率、劳动生产率和资源利用率。考虑到区域差异和资源禀赋差异，以家庭为基础的小农户经营模式各有不同，作为一个超过 95% 的家庭经营属于小农户的农业大国，开展小农户发展变迁及生产效率演进研究不仅具有重要的时代意义，更具有重大的现实意义和理论意义。

理论意义：理论界关于农户规模与农业效率之间关系的讨论一直在持续，至今未有明确答案。根据传统的农业发展理论，人口是影响农业生产关系的关键外生变量，人口增长引起土地利用的强化，使传统农业向集约农业转变，进而影响到土地所有制结构。但是，由于交易成本的存在，即对雇工的监督使农业生产最理想的经营单位就是家庭。本研究试图以消费者效用等传统经济学理论为基础，深入分析影响农户经营规模的各种因素及作用机理，并就不同区域、不同品种小农户生产效率进行测算，有助于丰富国内外学术界对小农户的研究和认知。考虑到中国不同区域之间的巨大差异，本研究以全国农村固定观察点的长期农户数据为基础，更具针对性和代表性。

现实意义：21 世纪以来，国民经济的迅速发展对调整农业经营形式提出了新要求，党的十八大明确提出要培育新型农业经营主体。但是，基于特殊的国情，中国农业经营主体的转变将会是一个长期过程，以小农户为主的经营结构转变绝非一蹴而就。针对新型农业经营主体的发展，虽然政府提出要发展家庭农场的适度规模，但是诸如究竟多大的经营规模才是适度或最优？不同品种之间是否存在差异？农户生产效率与经营规模之间究竟存在何种关系？等一系列问题均需要通过研究来解决。2018 年中央一号文件明确提出促进小农户和现代农业发展有机衔接，充分肯定了小农户的历史作用。本研究以不同品种、不同区域、不同规模农户经营生产效率测算为研究重点，并综合考虑国家经济结构转型等因素影响，不仅回应了理论界关于农户经营规模随经济发展水平变化而变化的结论，而且对其内部机理及影响进行了分析，对于今后制定鼓励农业规模化发展政策具有重要的现实意义。

社会意义：宏观环境的改变促进小农户经营的多元化发展，大量农村劳动力向外转移，农业生产结构发生重大改变，农村非农部门的发展也吸纳了部分农村剩余劳动力。农村劳动力向城镇的转移促进了收入水平的多元化，使小农户维持生计的能力得以提高。同时，随着消费结构的改变，园艺、禽类、鱼类和奶类市场的迅速扩张为发展劳动密集型的小农部门创造了机会，也有利于农业系统的多元化发展。随着工业化和城镇化的快速推进，农业在国民经济中的地位相对降低，但是农业的基础性地位却越来越突出，尤其是在应对21世纪以来爆发的粮食危机和金融危机过程中表现明显。健全的农业部门可以在危机时作为经济和就业的缓冲器，特别是在贫穷国家（FAO，2009）。本研究以小农户占据主导地位的中国农业农村现代化转型为背景，系统研究小农户经营规模的变迁和生产效率，研究成果对促进现阶段中国农业农村现代化发展、推动小农转型将具有重要指导意义。

第三节　研究思路和框架

一、研究思路

本研究充分利用传统的经济学理论分析框架，以全国农村固定观察点的农户连续数据为基础，深入研究新时期中国小农户发展的演进规律及生产效率变化，准确把握小农户发展的阶段性特征，分析测算不同区域、不同时期、不同品种农户经营规模与生产效率之间的关系，系统研究新常态下影响农户规模经营的各种因素，探讨小农户的发展前景和农户经营规模的路径选择，为新时期推进小农成功转型、实现乡村振兴奠定基础。

二、研究内容

基于上述研究思路，本书主要从以下几个部分进行阐述。

第一章，综述，主要介绍研究背景、研究目的和意义、研究方法和数据来源、研究思路和框架、可能创新点及不足；第二章，理论基础与文献，详细介绍了农户经营规模的理论基础以及农业生产效率测算的理论方法，为研究提供必要的理论与方法论支撑。并从小农概念及其发展、小农户与经营规模的概念、小农户与家庭农场、生产效率的概念、农户经营规模与生产效率之间关系的研究等领域系统梳理了相关文献，为本文研究打下坚实基础；第三章，中国小农户发展的历史回顾和现状分析。首先，从新中国成立以来至改革开放前夕、改革开放至今两个阶段，对小农户发展的历史背景进行了详细介绍，分析了改革开放以来农户经营规模的变化。然后，基于全国农村固定观察点的农户数据，详细分析中国小农户发展的演变历程、发展特点及发展趋势，主要对中国小农户发展演变进行系统考察和分析总结，说明中国小农户发展的必然趋势，总结现阶段小农户发展特点；第四章，中国小农户单要素生产率变化，主要从劳动生产率、土地生产率等单要素指标分析中国小农户发展的劳动生产率和土地生产率变化；第五章，不同粮食品种经营规模和生产效率比较分析，基于样本数据，测算不同粮食品种农户经营规模与全要素生产率、技术效率之间的关系，考察现阶段中国农户经营效率的变化特点；第六章，农户经营规模变迁的理论机制和影响因素，基于传统的农业经济理论，系统研究农户经营规模发展确定的理论路径和实现机制，深入分析影响农户经营规模变化的各项因素（包括经济发展、科技进步、农业政策、非农部门发展等）及影响机理，为提出中国小农户转型发展的实现路径、推进乡村振兴提供决策参考；第七章，结论和讨论。根据前面研究，得出相应研究结论，并根据研究结果就农户经营规模、生产效率和小农转型相关问题进行讨论。

三、技术路线（图 1.1）

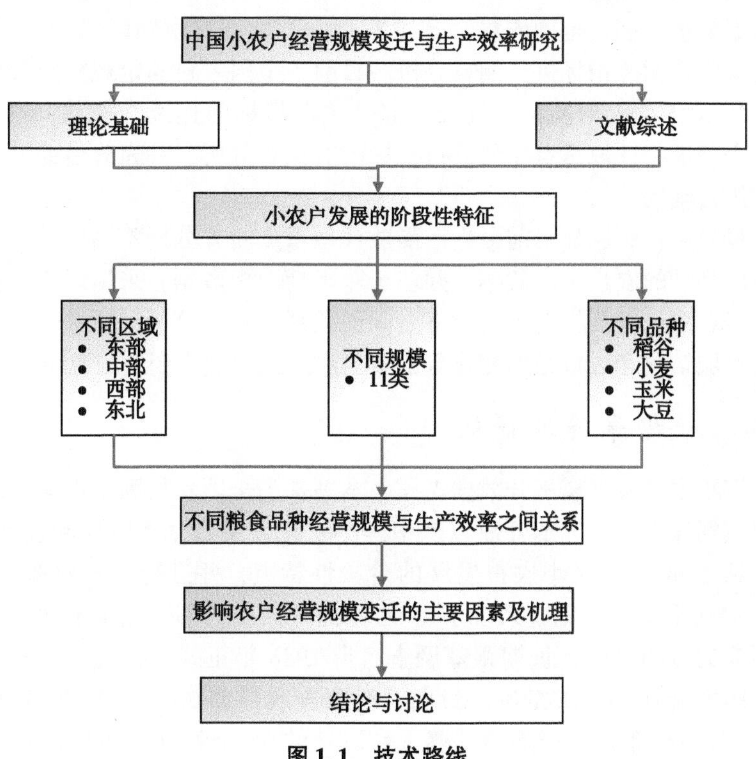

图 1.1　技术路线

第四节　研究方法和数据来源

一、研究方法

本书主要以全国农村固定观察点的农户数据和国家统计局数据为基础，综合采用农业经济学、发展经济学、计量经济学和数理经济学等理论，揭示农户经营规模的发展规律，并通过区域划分和农户分类对不同区域、不同品种、不同类型农户生产效率进行测算，考察不同区域、不同品种及不同类型农户生产效率的变化特征。主要研究方法包括：

文献研究：通过全面搜集、分析及整理国内外有关农户经营规模和生产效率测算的研究文献，掌握相关的经济理论、分析方法和前沿动态，明确农户经营规模变迁和生产效率测算的理论基础。

数据分析：利用全国农村固定观察点农户数据对不同区域、不同品种、不同类型农户相关指标进行测算分析。目前，全国农村固定观察点数据年份从1986—2015年，时间跨度较长，部分关键指标的连续性较差，本书以5年为一个跨度，选取重点年份进行指标的对比和分析，并充分借助国家统计局数据进行辅助分析。

计量研究：利用随机前沿生产函数模型重点测算分析不同区域、不同规模、不同品种的农户生产效率，并基于非平衡面板数据，采用固定效应分析模型分析农户经营规模与生产效率之间的关系。系统分析科技进步、农业政策、新型城镇化和人口结构变化等因素对农户经营规模变迁的影响。

二、数据来源及说明

考察小农户发展离不开数据支撑，本书基于全国农村固定观察点的大样本农户数据深入分析改革开放以来中国小农户发展的基本特征和发展趋势，客观总结21世纪以来小农户发展的阶段性特点，并进行生产效率的测算。全国农村固定观察点调查系统于1984年经中共中央书记处批准建立，是对固定不变的村和户进行长期跟踪调查，自1986年正式运行至今，其统计制度已经国家统计局正式批准。目前，有调查农户约23 000户，调查行政村355个，样本分布在全国除港、澳、台以外的31个省（自治区、直辖市）。改革开放以来，中国农业农村经济形势变化较快，尤其是进城务工农民越来越多，在部分年份，全国农村固定观察点办公室对农户样本量和调查指标进行了调整，使其更能准确反映中国农户的基本情况，导致各年间的农户样本量会有所差别。本书研究所使用的数据为全国农村固定观察点办公室提供的1986—2015年的农户数据和部分村级数据（其中1992和1994年因财政原因未进行调查，数据缺失）。由于农户调查指标经过数次调整，尤其是在2003年和2009年进行过较大的修改，导致部分指标连续性较差。为研究中国小农户发展的长期历史趋势，本文尽量选用连续性的指标进行分析，对部分连续性不好的关键指标，皆以最近年份为主，突出小农户的近期特征。此外，为深入分析不同区域小农户发展情况，研究按国家统计局的标准将全国划分为四大区域，即东部、中部、西部和东北。其中东部地区包括北京、天津、河北、上海、江苏、浙江、福建、山东、广东和海南10个省（自治区、直辖市）；中部地区包括山西、安徽、江西、河南、湖北、湖南6个省（自治区）；西部地区包括内蒙古、广西、重庆、四川、贵州、云南、西藏、陕西、甘肃、宁夏、青海、新疆12个省（自治区、直辖市）；东北地区包括辽宁、吉林和黑龙江3个省。该调查系统在部分年份（2003、2005、2006年）未统计西藏自治区的数据，为保持前后一致性，在研究中剔除了西藏自治区的样本。对中国小农户进行分析研究是一项极具挑战性的工作，其中，获取不同区域、不同类型的农户基本数据是关键，即使获得了这些数据，还将面临着经济发展水平差距较大的区域比较，甚至是传统文化、经济结构、资源禀赋、气候条件等因素的差别。因此，除全国固定观察点的样本农户监测数据外，本书尝试结合国家统计局数据进行辅助分析，克服数据来源渠道单一问题。另外，从全球范围内的小农户研究来看，数据也是无法克服的障碍之一。

第五节 可能的创新点和不足

一、可能的创新点

本研究的创新点主要表现在三个方面：第一，将对农户经营规模与生产效率之间关系的研究由静态、单维度拓展到动态、多维度。这就有助于把握当前中国小农户的阶段性特征及变迁路径。论文基于全国农村固定观察点的连续大样本数据进行农户经营规模与生产效率之间关系的比较研究，将对农户经营规模与生产效率之间关系的研究从单个地区、单个品种、单个时期拓展到全国不同区域、不同品种以及不同时期，实现了两者关系动态变迁的系统分析。第二，实证分析了不同品种生产效率与经营规模的关系特点，证实了最优经营规模的存在。针对是否存在最优的农户经营规模这一问题，创新性地将农户经营规模的单次项和二次项带入到不同品种的模型方程，通过对单次项系数和二次项系数的估计得出了不同品种生产效率与经营规模的关系特点，验证了最优经营规模的存在，并通过不同品种的比较研究进一步剖析原因。第三，系统分析了最优农户经营规模的变迁路径及其重要影响因素的影响机理。基于传统的经济学理论框架研究了最优农户经营规模的变迁路径，并系统分析了农业科技进步、农地制度、农业政策、新型城镇化及人口结构变化等重要因素的影响机理。随着新型城镇化的快速推进，农业生产的机会成本仍在不断攀升，对农村劳动力的吸引仍在继续，农户经营规模呈扩大趋势，人口结构变化将使这一趋势加快，推动乡村振兴要及时制定应对政策。此外，联合国粮农组织对全球小农户发展进行过系统梳理，但是缺少对中国小农户规模化发展的系统研究，本书基于全国农村农户的连续监测数据，丰富了全球范围内的小农户研究内容。

二、不足之处

本研究还存在以下不足，主要表现在：一是数据限制。目前关于小农户的研究基本都受限于数据，本文所采取的数据虽然能代表全国农户的基本情况及发展趋势，但是尚未体现党的十八大以来新型农业经营主体的发展特征及生产效率变化。同时，该套数据指标的年度差异、样本差异等问题也会影响到本文的研究结果；二是品种限制。目前，国外学者证实了部分国家畜牧部门存在规模效应的事实，但本文仅分析了粮食品种，并没有涉及中国经济作物和畜禽产业等部门，需要今后做进一步的讨论与研究；三是缺乏市场因素的考量。近年来，随着“互联网+”等新产业的迅速崛起，传统的小农户与大市场之间的关系正发生改变，但是由于缺乏农户网络购销等相关的对比数据，并未对这一领域进行研究，同时也并没有考虑市场价格等因素影响。

第二章　理论基础与文献

目前，国内外学术界针对小农户做了大量富有成效的研究，并得出了许多具有价值的结论。受资源禀赋等因素影响，世界各国小农户的发展差异巨大，对小农户定义也千差万别，部分国家关键指标数据缺失，增加了全球对比研究的难度。本章首先梳理农户经营规模变迁的理论基础以及生产效率测算的基本方法，然后从概念界定、农户经营规模与生产效率之间关系等领域进行文献介绍，为后续章节研究厘清概念并提供理论和方法支撑。

第一节　理论基础

一、农户经营规模的理论基础

推动农地经营的规模化发展，是传统农业向现代农业转型的一个重要指标。但是影响农户规模化发展的因素较多，不仅包括资源禀赋、自然条件等，还包括农地制度、经济水平和农户受教育程度等。农地规模化经营是一个系统复杂的过程，目前指导农地规模化的理论主要包括如下。

1. 产权理论

现代产权理论的起源是马克思。马克思认为土地产权是特定社会生产关系的一种表现方式，以土地所有权为核心，由所有权衍生出的使用权、处分权、转让权、收益权、抵押权等权利束组成，其中各项权利不仅可以有机结合，而且可以实现有条件的分离。所有权权能分离理论是马克思土地产权理论的核心观点，这对当前中国农地“三权分置”的改革框架具有重要的指导意义，其加快了农村土地的流转，促进了农地规模化的发展。20 世纪 80 年代，现代产权理论体系逐渐成熟，产权和交易费用是其核心概念，核心工具是对经济活动中交易费用的分析。现代产权理论的标志性人物科斯（Ronald H. Coase）基于马克思的研究基础，对产权的内涵进行了拓展，提出了著名的“科斯定理”，即如果交易成本为零，不论初始权利配置如何，市场机制都能实现资源配置的帕累托最优；如果交易成本不为零，则实现资源优化配置的前提是建立明晰的产权制度。在科斯研究的基础上，阿尔钦（1965）、巴泽尔（1997）等对产权内涵做了进一步深化与拓展，如产权的具体形式等。现代产权理论的建立是以西方私有产权为基础，私有产权意味着产权责任主体明确，交易成本较低，因此可以实现资源高效配置。正是由于农业雇工的监督成本较高，家庭一直是全球农业经营的基本单元。党的十八大以来，中国农村承包地“三权分置”改革的主要目的就是实现耕地权利的进一步细化、明确各权利主体，为农地有效流转创造良好条件，但是产权理论的核心是降低交易成本，今后国家农地改革还要向规范土地市场、便利土地交易等方面迈进，进而提升农业生产效率。

2. 制度变迁理论

制度变迁是指新制度的产生、发展以及替代旧制度的动态演变过程。新制度学派的代表人物诺斯认为，良好的制度是提高社会资源配置效率的关键，但是受设计成本、学习效应、适应效应以及调节期限等因素影响，制度有较强的路径依赖性。良好的社会制度可以推动经济社会的协调发展，同样，不合适的社会制度将会极大阻碍社会生产效率的提升，甚至导致经济衰退或社会动荡。随着经济社会面临国内外环境的动态变化，有必要适时的推动制度变迁，从而减轻路径依赖对经济社会的负面影响。在此基础上，弗农·拉坦将制度变迁划分为诱致性制度变迁和强制性制度变迁两种，前者由底层发起，自下而上，相对温和，后者则由政府部门自上而下强制推动，手段比较强硬和激进。弗农·拉坦认为，诱致性制度变迁的动力来自于经济体内非均衡力量的引导，如果再加上外部强制推动，将会使得制度变迁更加高效，最后使得个人理性和社会理性达到相对完美统一（孔令成，2016）。改革开放以来，由市场推动的部分农村地区土地承包者和经营者的逐步分离现状，是当前农地“三权分置”改革的原始动因，这项改革适应了新时期农业农村发展的政策需求，但是，这项改革还需要国家层面进一步完善相关配套政策，创造制度变迁需要的内外部环境。

3. 规模经济理论

规模经济理论起源于亚当·斯密和大卫·李嘉图，两人分别基于绝对优势和比较优势的视角，阐述了分工和专业化所带来的技术变革，每次技术变革都有赖于一种或几种密不可分的生产工具，正是这种不可分性产生了规模经济，但两人并没有具体阐述规模经济的内涵。随后的穆勒和马克思分别从降低生产成本和促进协作视角对规模经济进行了阐述。但是，最早提出“规模经济”这一概念的是新古典学派的马歇尔，从技术角度讨论企业的经营规模，制度学派的科斯也从交易费用的角度认为企业规模应该是有边界的。真正给出规模经济内涵的是萨缪尔森，其认为，企业产量增长比例超过生产要素投入增长比例，即为规模经济，但也存在着规模不经济现象。由于农业生产与企业生产完全不同，实现农地经营规模经济的路径与传统的企业规模经济发展也会有所区别，但是，实现规模经济所需要的科技进步、交易成本、生产工具等配套则对现阶段实现农业经营规模扩大具有重要的参考价值。农户规模化经营必须要实事求是，综合考虑技术水平、生产要素、交易成本等各项因素，真正帮助农户实现规模经济，避免盲目规模化导致的规模不经济现象的发生。根据舒尔茨的理论，在传统农业约束条件下，虽然农业生产规模较小，但却是一种有效率的生产方式（舒尔茨，2006）。因此，舒尔茨认为现代化的生产要素才是传统农业向现代农业转变的关键，包括加强对农民的人力资本投资，而不是农地的规模化经营。

根据上述理论，农业规模化经营要充分考虑制度设计、交易成本、配套政策、经济发展、科技进步、生产要素等各项因素，为农户经营规模的变化提供相应配套支撑，确保实现农户经营的规模经济。但是，随着一个国家的经济增长和非农产业部门的发展，农户经营规模也会呈现规律性的变化。

二、农户生产效率的理论方法

当前，全要素生产率的测算方法较多，经济学家们从不同角度对这些方法进行了归类，基于生产函数的设置和参数估计分为参数方法和非参数方法，根据测算原理和角度的不同，划分为增长核算法、生产前沿面法和指数法（孟令杰、石慧等，2014）。根据蒂莫西·J·科埃利等（2008）研究，测算全要素生产率或技术效率的方法主要有最小二乘法计量经济生产模型、全要素生产率指数、数据包络分析（Data envelopment analysis，DEA）及随机前沿等四种。其中，第一、第四种方法涉及参数方程的计量经济估计，通过建立参数函数得到生产前沿面函数，被称为参数方法，而第二、第三种方法无须事先设定具体的生产函数，直接将有效的生产单元组合起来，构造包络所有观测点的分段超平面来获得生产函数前沿面，被称为非参数方法。其中，需要注意的是，DEA 方法和随机前沿方法能够测算技术进步和效率变化的前提是获得各生产单元的面板数据。随着研究方法的不断发展，国内外学术界在如何测算生产效率方面积累了丰富经验，并逐步尝试综合运用多种研究方法开展研究，但是每一种研究方法都有各自的假设前提和适用范围等条件，本研究基于数据特点采用应用最为广泛的随机前沿生产函数分析方法，用参数方法确定一个合适的生产前沿函数，然后进行相关测算和分析。参数方法中最常用的生产函数有 Cobb-Douglas 生产函数、Translog 生产函数等，下面介绍该方法的基本原理。

1968 年，Aigner 和 Chu 提出了前沿生产函数法，之后该方法的发展经历了两个阶段：第一个阶段是确定性参数前沿生产函数法，不考虑随机因素影响；第二个阶段是随机性参数前沿生产函数法。

假定前沿面生产函数为：$y=f(x;\beta)$，则可通过下面的非线性规划求解出式中的 β。

$$\min\sum_{k=1}^{N}|f(x_k;\beta)-y_k|$$

$$s.t. f(x_k)-y_k\geqslant 0,\ k=1,2,\cdots,N \tag{2-1}$$

其中，生产单位为 N 个，x_k 为第 k 个生产单元的投入向量，产出为 y_k。那么全要素生产率为：

$$TFP=\frac{y_k}{f(x_k;\beta)} \tag{2-2}$$

确定性前沿生产函数对观测数据的误差比较敏感，稳定性差，所测定的技术效率与实际的效率之间会有很大偏差。因此，1977 年，Aigner 和 Meeusen 等针对这一问题做出很大突破，将生产函数表示为：

$$Y_{it}=f(x_{it},t)exp(v_{it}-u_{it}) \tag{2-3}$$

该式即为随机前沿生产函数。其中，Y_{it} 表示第 i 个生产单元在第 t 期的产出，x_{it} 表示第 i 个生产单元在第 t 期的投入；$f(x_{it},t)$ 为生产函数前沿面，v_{it} 表示统计误差和不可控因素，如天气、灾害等造成的纯粹误差部分，$u_{it}\geqslant 0$表示的是产出角度的技术无效率，衡量的是实际产出与最大产出之间的差距，技术效率可表示为：

$$TE=\frac{Y_{it}}{f(x_{it},t)}=exp(-u_{it}) \tag{2-4}$$

第二节 文献综述

目前来看，关于各国农户经营规模发展规律的研究较多，但这种规律是否能适用于中国，是否符合中国现阶段的基本国情还有待考察。在中国政府提出新型农业经营主体的概念后，针对中国农户经营规模的研究逐渐增多，这些研究主要侧重于区域性的最优规模确定、生产效率和经营规模之间的关系以及相关政策等，这些研究成果为本文提供了良好基础。为确保中国农业农村现代化的顺利转型，诸如现阶段小农户经营模式是否已难以支撑中国传统农业向现代农业的转变，中国小农户经营模式究竟会走向何方，如何变革现有的农业经营体制，农户经营规模与生产效率、收入不平等存在何种关系等一系列问题均需要系统深入研究。本部分从全球关于小农户的概念界定与其发展、小农户与家庭农场关系、农户经营规模与生产效率等领域介绍国内外相关研究进展。

一、小农概念及其发展

国内外实践表明，小农户在维持农民生计、保护农业多功能性及确保粮食安全等领域发挥着重要作用，并得到国内外研究学者的高度肯定。由于各国资源禀赋差异较大，学术界对小农户的定义千差万别，即使到现在也未取得统一口径（FAO，2013），仍缺少一个具有普适性的概念。同时，小农与小农户的概念并不等同，与小农户相比，小农的概念更为复杂与丰富。从发展历史来看，小农的概念与政治、文化、传统、阶级、资源禀赋等因素交织在一起，内涵丰富。马克思认为小农是“自己拥有劳动条件的小生产者”，恩格斯则指出“小农即为小块土地的所有者（抑或是租佃者），这块土地的面积既不超过他以全家之力通常所能经营的限度，也不低于在当时生产水平下足以维持家庭生存的限度”（张新光，2008；王伟新，2015）。恩格斯的定义既明确了小农的社会经济性质，也划定了小农的最低与最高经营边界，如何确定农户经营的最优规模也成为国内外学术界的一项重要任务，直到目前，这项研究也在不断推进。但是，马克思理论是从权力关系的角度来分析认识小农阶级（潘璐，2012），认为小农的主要特征是没有权力、生产率低，被视为前资本主义社会中受压迫的、被剥削的生产者。恰亚诺夫（1996）的农民经济理论开始将小农作为一种具体而独特的经济类型进行界定和分析，强调家庭规模与家庭结构对农民经济行为的影响。在恰亚诺夫理论的基础上，Henry Bernstein（1979）认为，小农生产的目的是满足家庭需求，而不是为了获得利润、实现剩余价值和完成资本积累，因此小农生产不同于资本主义，加之小农对生产资料保有一定控制权，也并不是一种无产阶级的生产方式，其认为以生存为导向的驱动逻辑、对生产方式的某种控制是小农生产的两大核心要素。同 Henry Bernstein 对小农的理解一样，Araghi F A（1995）认为界定小农概念的核心是其生产逻辑，即生存。Harriet Friedmann（1980）则将“小农”定义为“以家庭作为生产单元、使用家庭劳动力、以生存为主要目的、依赖于非商品化的关系进行家庭再生产的农业生产者”。艾利思（2006）从经济分析的角度出发给出了小农定义，认为小农主要是从农业生产中获得生活资料、在农业生产中以利用家庭劳动为主的农户，并部分参与不完全或不全面的投入和产出市场。在其他对小农的许多界定中，学者们倾向于将小农与其所具有的社会文化特征相结合，将小农及其生产特征嵌入家庭、社区和乡村的独特文化之中（Wolf E. R，2010），进一步扩展小农的概念范畴及理论框架。

研究发现，关于小农的概念是在不断发展变化的。早期与政治、文化、传统、资源禀赋等因素结合在一起，并先后出现过“剥削小农”“现性小农”“生存小农”“商品小农”或“综合小农”等理论流派，概括总结了小农有关的基本特征。

二、小农户的概念界定

小农户指经营规模较小的农户或农场，与小农的概念相关，但涉及范畴明显小于小农。从经济学角度来看，如何准确界定小农户更具挑战性，因为它很难适用于全球不同国家、不同地区和所有作物，土地质量、资源可获性、发展阶段、制度和技术特征等也是区别小农户的关键因素。同时，国际上没有可比性的统计数据来帮助我们完善对小农户的定义（Joachim von braun，2005；李继刚，2011）。目前，受资源禀赋、人文传统、经济发展等因素差异影响，各国对小农户的概念界定差别较大，对小农户的判定标准也不相同。最常用的标准是土地，在此基础上还会考虑到其他生产性资产（如家畜、固定资产等）和农户收入或总产值，以及这些标准的组合。为便于比较，土地是最简单的标准，但是各国资源禀赋和自然条件差异较大，在全球范围内各国农民拥有土地规模十分悬殊，很难设定一个具体统一的耕地面积指标来对小农户进行划分。如在中国和印度，多数小农户土地规模不足2公顷，但在巴西小农场规模就达到50公顷。同时，它也难以反映出土地质量、家庭在其他领域的投资等，这些因素对小农户的发展前景同样重要。

此外，小农户的发展还受到经济发展阶段的影响，尤其考虑到许多发展中国家正处在由传统农业向现代农业转型过程中，所面临着的宏观环境和微观环境都在变化，客观上又增加了小农户界定的难度。正如 Fan *et al.*（2013）认为，最优的农户经营规模会随着一个国家的经济增长和非农产业部门的发展而变化。不同国家、不同地区以及不同的历史阶段，关于小农户的定义都有所不同。但是，与雇佣劳动力的商业农场和没有土地的劳动者相比，小农户的特征也很鲜明。FAO 高级别专家组（2013）认为小农户是以家庭（包括一个或一个以上家庭）为单位开展生产，仅仅或主要依靠家庭内部劳动力，从中获取的实物或现金收入在家庭总收入中占有较高比例，但比例各不相同。农业包括种植业、畜牧业、林业和手工渔业。生产由家庭组成的集体负责管理，其中很大一部分家庭为女户主家庭，且女性在生产、加工和销售活动中均发挥着重要作用。具体特征包括 3 个方面：一是主要依靠家庭内部劳动力，从农业中获取的实物或现金收入在总收入中占有较高比例；二是资源基础规模较小。包括不同种类的资产或资本（人力、自然、社会、物质和金融资源），特别是土地，且被认为“规模较小”，即往往很难用以维系体面的生计；三是以家庭为单位的基本组织模式单元。小农户以家庭为单位组织生产性资产和祖传资产，偿还贷款或债务，并往往通过家庭劳动力来投资（表 2.1）。

表 2.1　世界各国对小农户或家庭农场的界定

所属洲		定　义	标准特点	备　注
美国	北美洲	指任何由经营者和与经营者有血缘或婚姻关系的个人（包括不在经营者家庭居住的亲属）拥有大部分业务的农场。同时，采用统计学定义以经济标准来界定农场规模。小型农场销售额低于 25 万美元。据美国农业部农业普查数据，2007 年小型农场数量为 199.51 万个，占农场总数的 91%	美国农业部经济研究局的定义，强调劳动力和农产品销售额，并没有直接考虑到土地面积标准	美国农业部的农场贷款项目规定，符合以下条件的农场为家庭农场：一是供出售的农产品达到一定数量，在社区中被认定为农场，而非农村住户；二是获取足够收入（包括非农就业收入）用于支付家庭和农场经营支出，偿还债务，维护资产；三是由经营者管理；四是由经营者及其家人提供主要劳动力；五是可能在忙季雇佣季节性劳动力，并可雇佣合理数量的全职劳动力
巴西	南美洲	家庭农场由法律界定，必须同时符合以下条件：一是面积不超过征税单位“财政模块”的 4 倍，财政模块由每个县按照当地情况确定（介于 5 到 110 公顷之间）；二是主要使用家庭劳动力；三是农户收入主要来自农场经济活动；四是由所有人及其家人管理；五是适用于集体产权，条件是每位所有人的面积均不超过“财政模块”的 4 倍	从耕地面积、主要劳动力、农户主要收入以及经营权等方面界定	财政模块是指依靠农业维持家庭生计所需的最少耕地面积，不同地区的财政模块随各地区实际情况有所差别

（续表）

	所属洲	定 义	标准特点	备 注
印度	亚洲	采用五分法，边际型少于1公顷；小型介于1和2公顷之间；半中型介于2和4公顷之间；中型介于4和10公顷之间；大型超过10公顷。如果在两分法中采用这一标准，那么小型农场的阈值就是小于10公顷。如果用三分法，那就是小于4公顷。2005年农业普查表明，99.2%的经营性农户规模小于10公顷，他们管理的农地占农地总面积的88.2%。如果采用4公顷的阈值，那么94.3%的农户属于小型，他们管理的农地占农地总面积的65.2%	利用土地面积进行界定	对农地面积进行了五类划分，通常的小农户是指边际型和小型农户，即农地面积低于2公顷
阿根廷	南美洲	小农户需要满足以下条件：一是生产者在农场直接务农；二是生产者不长期雇佣外来劳动力；三是生产者可能会临时性雇佣外来劳动力；四是农场没有登记为合股公司或其他类型的商业公司；五是资本水平的上限：农场规模大小、农场耕地面积、畜群规模、机械资产、果树面积和灌溉面积。国家内部不同地区的上限各不相同：农场规模介于500公顷和5 000公顷之间，耕地面积介于25（灌溉绿洲）和500公顷之间。畜群规模的上限是500头。此外，其对区别家庭劳动力和非家庭劳动力做出详细规定	多个标准的组合，涉及农业自然条件、劳动力使用类型以及法律等	据统计，阿根廷低于5公顷的小农户数量仅占农户14%，所经营的农地面积占比不足0.1%。因此，世界银行关于2公顷的小农户标准在阿根廷没有任何意义。目前，阿根廷约3/4的农场是家庭农场，他们经营着占全国18%的农田
莫桑比克	非洲	采取三分法，按耕地面积和畜群规模把农场分为小型、中型和大型。其中，小型农场耕地面积小于10公顷，且无灌溉土地、果树或种植园，或耕地面积小于5公顷，但有灌溉土地、果树或种植园，或牛群规模少于10头，或绵羊/山羊/猪的数量小于50头，或家禽数量少于5 000只	采用农地面积和畜禽规模为标准进行划分	在莫桑比克，99%的农场规模小于10公顷，占农地的70%
坦桑尼亚	非洲	采用两分法，小型农场/小农户指生产用地介于25平方米和20公顷之间，或1到50头牛，或5到100头山羊/绵羊/猪，或50到1 000只鸡/鸭/火鸡/兔	采用农地面积和畜禽规模为标准进行划分	
斯里兰卡	亚洲	采用两分法，小农户指不属于种植园类的农户。种植园指农地面积等于或超过20英亩（8.1公顷）的农户。但是，不同地块累加面积达到20英亩却不属于种植园，因为种植园中至少要有一块地块的面积达到20英亩（20英亩或超过20英亩水田的农户也不属于种植园）。小农户的任何一块土地都不超过8.1公顷（纯水田除外）	采用农地面积和质量相结合的标准	

（续表）

	所属洲	定　义	标准特点	备　注
法国	欧洲	采用参考单位的概念，即在考虑到农户所有农业活动后，能保证经济可行性所需的面积。这要由地方层面针对每个小型农业生态区特点确定		
日本	亚洲	针对小农户没有一个官方或统计学类别，但学界与官方通常将农户规模和兼职务农作为判断标准。2010 年普查数据表明，兼职农民数量接近 120 万，占农民总数约 72.3%	从农地规模和从业类型进行判定	
中国	亚洲	小农户具有独特性，集体土地所有制保证了每个农户都有农田使用权。2014 年 2 月农业部颁布《农业部关于促进家庭农场发展的指导意见》，主要从家庭经营、专业务农及规模适度等 3 个方面对家庭农场进行了界定，具体指家庭农场主要依靠家庭成员从事生产经营活动，即使有雇工也只发挥辅助作用；要专门从事农业，主要进行种养业专业化生产，经营者大都接受过农业教育或技能培训，经营管理水平较高，示范带动能力较强，具有较强的商品农产品生产能力；要有较大的种养规模，能够使经营者获得与当地城镇居民相当、比较体面的收入	小农户采用土地指标，但家庭农场采用劳动力、从业类型和土地等多维标准	据世界农业普查结果，中国农村有近 2 亿小农户。农户平均规模小于 0.6 公顷，且仍呈缩小趋势。根据中国农业部标准，截至 2012 年年底，全国共有符合统计标准的家庭农场 87.7 万个，经营耕地面积 1.76 亿亩，平均经营规模 200.2 亩；其中，从事种养业的家庭农场达到 86.1 万个，占家庭农场总数的 98.2%

注：根据联合国粮农组织（FAO）粮食安全和营养高级别专家组 2013 年 6 月报告《投资小农农业，促进粮食安全》和中国农业部颁布的《农业部关于促进家庭农场发展的指导意见》整理

小农户是一个广泛的概念，各种界定更多地出自资源禀赋考虑以及各自研究需要。目前采用较多的定义来自世界银行（2001），即经营耕地面积不超过 2 公顷的农户。据研究，世界约 2/3 的农民属于小农户，随着城镇化、市场一体化和全球化的发展，小农户经营正向着多元化趋势迈进，但他们中绝大多数生活在绝对贫困中，并且占了世界一半的营养不良人口（IFPRI，2005，2013）。因此，联合国把 2014 年宣布为“国际家庭农业年”，旨在推动提高家庭和小农农业的地位，促进全球对家庭和小农农业在减轻饥饿和贫困，提高粮食安全和营养，改善生计，管理自然资源，保护环境，特别是推动农村地区可持续发展等方面发挥重要作用的重视。基于特殊国情和经济社会发展的阶段性特征，中国小农户的客观存在必将是一个长期的历史现象，为推动小农户与现代农业发展有机衔接，党的十九大报告首次提出“小农户”的概念，在肯定小农户历史贡献的同时，也提出新时代推动小农户转型的目标任务。

本书对小农户的研究采用世界银行的定义，指经营耕地面积不超过2公顷的农户或农场，抛开政治、文化、传统等不相关因素，农户经营规模指农户经营耕地规模，与资产、收入、产值等因素无关。通过这项界定旨在揭示现阶段中国农业经营以小规模农户为主的农业发展特征，具有较强的政策含义。本书基于长期的农户追踪数据开展小农户经营规模变动特征等研究，深刻分析现阶段中国小农户发展面临的困难与挑战，为新时期实现小农户顺利转型和农业现代化奠定理论基础。

三、小农户与家庭农场概念的区别

在国际学术界，小农户对应的英文单词是“Small farms”“Smallholder farms”，有时也被称为“Family farms”（IFAD，2009），即家庭农场，这与国内对家庭农场的定义截然不同，事实上小农户和家庭农场的确存在差异（Lowder，Skoft，Raney，2016），正视两者差异是正确制定农业政策的根本前提。在中国，家庭农场属于新型农业经营主体，2008年党的十七届三中全会通过的《中共中央关于推进农村改革发展若干重大问题的决定》中首次提出，2012年党的十八大报告中第一次提出“新型农业经营体系”的概念，2013年的中央一号文件把“发展规模经营主体”改为“构建新型农业经营体系”和“培育新型农业经营主体”，并列出三种新型农业经营主体，即专业大户、家庭农场和农民合作社，党的十八届三中全会把农业企业也加入进来。因此，中国新型农业经营主体包括家庭农场、专业大户、农民合作社和农业企业四种形式，是一个具有中国特色的现代农业经营体系（郭熙保、郑淇泽，2014）。

2013年以来，中国家庭农场发展迅速，与此同时，不少地方政府积极着手家庭农场认定标准、登记条件、支持措施等制度建设，并逐步形成“经营自耕农式”的上海松江模式、“与城镇化联动”的吉林延边模式、“依靠协会带动”的安徽郎溪模式、“实施分类管理”的山东诸城模式等（高强、周振、孔祥智，2014）。对家庭农场基本特征的概括主要涉及经营规模、家庭劳动力为主、经营稳定性、专业化生产、工商注册、企业化经营等方面（朱启臻，2013；关付新，2005；郭熙保，2013），其中最为重要的特征包括以家庭作为经营单位、以家庭劳动力为主、农地经营的长期持续性和规模化、农业经营收入为家庭全部或主要收入来源等。为了推进家庭农场统计监测工作，2013年农业部首先明确了家庭农场的概念，发布《关于促进家庭农场发展的指导意见》（以下简称《意见》）以进一步指导各地区家庭农场发展，该《意见》指出家庭农场必须具有三大基本特征，即家庭经营、专业务农和规模适度，并指出在相当长时期内普通农户仍是农业生产经营的基础，在发展家庭农场的同时，不能忽视普通农户的地位和作用（农业部，2014）。综合来看，国内学者对家庭农场的定义主要涉及家庭经营、规模适度、专业经营等明显特征（黎东升等，2000；高强等，2014），并且需要登记认定，属于比普通农户高级的一种生产经营形式，并不包括经营规模较小的小农户。

由于资源禀赋较好，美国、巴西农户经营规模较大，均采用家庭农场的概念，并认为家庭农场的主要特征是更多使用家庭劳动力，而非雇工经营，即满足条件“FLU（Family labor units）>HLU（hired labor units）”，至于经营规模等因素并不重要。Eastwood *et al.*（2010）对家庭农场的定义强调至少 1/3 的永久劳动力是家庭成员。对于小农户和家庭农场的概念，考虑到家庭仍是全球范围内从事农业经营的基本单元，家庭农场概念的范畴要远大于小农户，不仅包括家庭经营的大农场、种植园等，还包括一家一户经营的小规模农场。Lowder *et al.*（2016）总结认为很多研究并没有给出清晰的定义，造成概念混淆并简单将二者等同起来，误导了农业政策制定者，作者基于世界农业普查数据（WCA）认为，全球范围内超过 90%的农场可以称为家庭农场，而 84%的农场是小农户，即经营耕地面积低于 2 公顷，两个概念有重叠，但并不相同，家庭农场经营着全球约 75%的农地，而小农户经营农地占比仅为 12%。根据世界农业普查结果，目前全球范围内经营耕地面积低于 2 公顷的小农户数量约为 4.75 亿～5 亿（Hazell *et al.*，2010；HLPE，2013；IFAD，2009，2011；Wiggins *et al.*，2010；Lowder *et al.*，2016），其中约 87%分布在亚洲和太平洋地区（IFPRI，2007；IFAD，2009；HLPE，2013），中国农村有近 2 亿小农户，占世界的 38.6%，超过 95%的农户是小农户。

在国际上，家庭农场的范畴要大于小农户，存在概念重叠问题；而在国内，家庭农场是小农户发展到一定程度的更高级形式，不存在概念重叠问题，但家庭农场的范畴明显小于小农户。本文主要基于全国农村固定观察点监测的样本农户，其中绝大多数农户耕地经营规模都低于 2 公顷，即使有少部分经营规模超过 2 公顷的农户，监测指标也并未标明是否属于新型农业经营主体。因此，本文基于全国农村固定观察点的农户数据，考察不同经营规模农户的特征变化，既与国际上关于小农户的概念一致，有利于国际比较，同时也与国内新型农业经营主体的概念有效区分，并体现了小农户家庭经营规模的变迁趋势。

四、生产效率的概念界定

国内外学术界关于生产率（Productivity）的研究较多。一般来讲，生产率指要素资源（人力、财力、物力）开发利用的效率，即投入要素在生产过程中转变为产出的效率，是产出与投入比率的术语（孟令杰、石慧等，2014；张冬平，2013；王伟，2013）。在测算生产率增长时可根据考虑投入要素种类的多少，将生产率分为单要素生产率（Single factor productivity，SFP）和全要素生产率（Total factor productivity，TFP）。其中，单要素生产率测量的是某一个生产要素的投入与产出之比，如劳动生产率、资本生产率、土地生产率等，着重反映该要素在生产中的利用程度，但难以反映生产过程的整体生产效率。为衡量整体的效率状况，有学者（美国经济学家罗伯特·索罗）便提出全要素生产率的概念，即总产出与所有要素投入量之比，用于测算全部生产要素的生产效率。与单要素生产率相比，全要素生产率更能够真实客观地反映全部要素投入量的节约程度。

效率（Efficiency）是与生产率并不等同的概念，又称为有效性或效益（蒂莫西·J. 科埃利等，2008）。通过图 2.1 来阐述这两个术语之间的区别，在图中，曲线 OF′表示生产前沿（Production frontier），用来界定投入产出关系。生产前沿表示对应每一种投入水平的最大产出，因此它反映出某一行业的当前技术水平。如果一个行业的生产单元处于生产边界上，那么此时是技术有效的（Technically efficient）；若处于生产边界之下，那么这样的生产单元是技术无效的。图中，A 点表示无效点，因为从技术上讲，它能够增加到 B 点所处的产出水平，而无须增加任何投入，而 B 点和 C 点表示有效点。

在图 2.2 中，对于一个特定点，我们用起于原点并过该点的射线来测算该点的生产率，射线的斜率是 y/x，并以此测算生产率。如果生产单元从点 A 移动到有效点 B，该射线斜率变大，这蕴涵着在 B 点生产率更高。如果移动到 C 点，来自于原点的射线与生产边界相切，进而标明了最大生产率的点。第二次移动是寻找规模经济（Scale economies）的一个事例，从技术上讲，点 C 即是最优规模点，在生产边界上的其他任何点生产都将导致较低的生产率。

因此，如果一个生产单元技术有效，但仍可通过寻找规模经济来提高生产率。已知一个生产单元的生产规模在短期内难以改变，某些情况下可分别作为短期解释和长期解释。如果再考虑时间变化，又会涉及另外一个概念，即技术进步（Technical change），其表现为生产前沿面的上升。

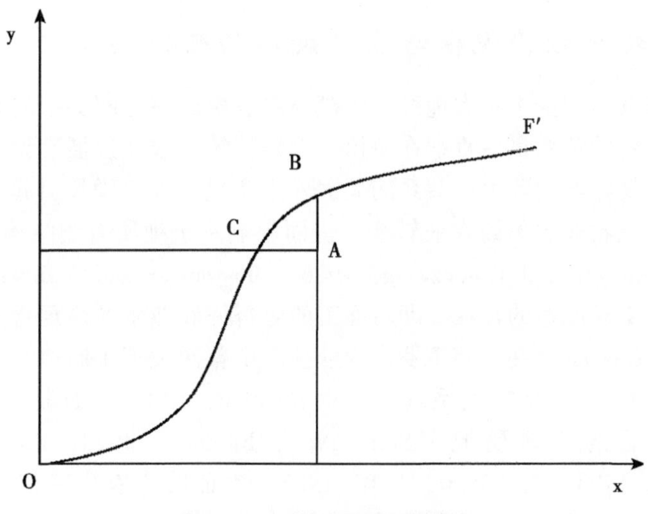

图 2.1　生产边界和技术效率

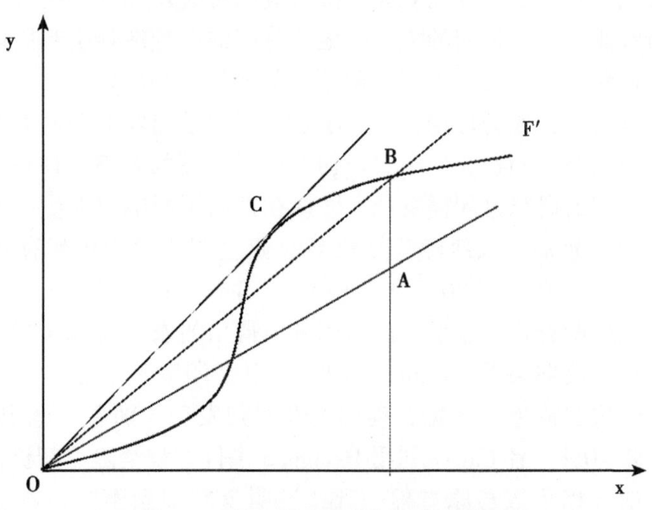

图 2.2　生产率、技术效率以及规模经济

目前，关于农业生产效率的研究内容较为丰富，既有关于土地生产率、劳动生产率等单要素生产率的研究，也有综合考虑技术进步、技术效率、规模经济以及全要素生产率指标的研究，为进一步深化农业生产效率相关研究奠定了良好基础。

五、农户经营规模与生产效率的理论关系

长期以来，理论界对农地经营规模与农业生产率之间关系的研究从未间断，对于二者的关系也一直存在争议。根据传统的农业发展理论，不断增长的人口压力是影响农业生产关系的关键外生变量，人口增长引起土地利用的强化，使传统农业向集约农业转变，进而影响到土地所有制结构（Boserup，1965；Binswanger and Rosenzweig，1986；Binswanger and McIntyre，1987）。但是，由于交易成本的存在，即对雇工的监督使农业生产最理想的经营单位就是家庭。Chayanov 在考察俄罗斯农业生产中首次发现了农地经营规模与土地生产率之间存在反向关系（Inverse Relation，IR）（石晓平、郎海如，2013）。随后的许多研究（Sen，1962；Bardhan，1973；Rosenzweig and Binswanger，1993；Deolalikar，A. B，1981）也证明小农户单位面积的产量更高，并且具有更高的资源利用效率，即农业效率与农业规模之间存在负相关关系。自此，农业生产存在规模经济效应的传统认知受到挑战，关于农地经营规模与农业生产率之间的关系问题及对应的合理解释引起国内外学者的广泛争论，目前仍未达成共识（石晓平、郎海如，2013）。

基于传统的家庭农场理论，由于小农户无须承担农业劳动力的监督成本及面临的道德风险等问题，使小农户拥有相对更高的效率（Dethier，2012）。许多发展中国家的研究也同样发现，即便在控制了影响农业生产率的相关因素（如农地质量）后，农地经营规模与农业生产率之间仍然存在反向关系（Eastwood *et al.*，2010）。20 世纪 70 年代，Berry and Chine（1979）在巴西北部开展的农户调查资料显示，按面积分组得出的农户耕地面积平均数与单位面积净收益呈反向关系。Carter（1984）根据印度哈里亚纳邦 1969—1972 年 376 户农民的农业生产数据，利用线性回归发现，随着土地规模的翻倍，单位产量下降 40%，且 Carter 利用 Hechman 条件方程消除非随机抽样导致的样本偏差后的方程系数与原方程一致，说明反向关系不受样本选择偏误影响。Heltberg（1998）基于巴基斯坦的农户面板数据进行线性回归，证实了每英亩耕地净收益与经营规模的负相关关系，即使使用固定效应模型控制耕地质量等不可观测变量，模型估计显示仍存在显著负相关关系。中国作为世界上最大的发展中国家，很多学者也对国内不同地区农地经营规模与农业生产率的关系进行了研究，得出的结论基本相同。高梦滔、张颖（2006）利用 8 省份的面板数据，在控制了土地质量的基础上，利用 IVGMM 方法克服选择偏误，得出中国农村粮食生产存在很强的“小农户更有效率”的证据，估

计结果显示，粮食面积每增加1%，粮食单产便下降0.58%，并且在户均土地面积越大的省份，小农户的效率越高；李谷成、冯中朝等（2009）利用1999—2003年的湖北省农户面板数据，从土地生产率、劳动生产率、成本利润率、全要素生产率和技术效率等角度多维度探讨农地规模与农业生产率之间的关系，结果表明土地生产率与耕地规模是负相关的，但是劳动生产率与耕地规模呈正相关关系，包含劳动力成本的全面成本利润率与耕地规模之间存在显著正相关关系，反映农户全面综合利用农业资源效率的全要素生产率和采用农业前沿技术以达到最大潜在可能产出能力的技术效率都与耕地规模呈现无关的性质。并认为，小农户在缺乏非农就业机会和二元分割的生产要素市场条件下，自有劳动力机会成本较低，确实存在着不计自身劳动力成本的“自我剥削倾向”，形成了土地生产率与耕地规模之间的反向关系。在其他学者的研究中，这一反向关系也再次得到了证实（Newell *et al.*，1997；Reardon *et al.*，1996；王建军等，2012；夏永祥，2002；Wu *et al.*，2005）。与发达国家不同，针对发展中国家（包括中国）的许多研究表明，“小农户更有效率”的观点不是一个由于遗漏变量的统计问题，也不是由于样本选取问题得出的片面结论，而是一个非常普遍且得到实证证实的结论。由于这些研究大多以发展中国家或传统农业国家作为研究对象，所以农地规模与土地生产率之间的反向关系也被认为是传统农业的经典特征（李谷成等，2009；石晓平、郎海如，2013）。

但是，由于市场失灵的存在，与小农户相比，大农场的优势更为明显，例如比小农户更容易得到贷款，降低资金成本等（Dethier，2012）。因此，也有许多学者对反向关系表示怀疑，并提出应该是正向或“U”形关系的观点。有学者在对比法、美、日等国家的历史数据后认为，各国农业发展共同的趋向是农场平均土地经营面积增加且农产品的单位面积产量也随之增加（张光辉，1996）。普罗特斯曼等（1996）则通过对江苏省吴县的调查发现，规模经营大户的水稻单产高出全村平均数的8%，小麦高出3%。这也表明，即使在发展中国家，农地经营规模与农业生产率之间同样存在正向关系的可能。宋传等（2007）以江苏常熟为例，证明农地经营规模对单产有显著正影响。梅建明（2002）通过案例研究指出，在一定的技术条件下，小规模分散经营会降低农作物产量。王建军等（2012）的研究结果虽然表明，小农户的水稻单位面积产量高于大农户，但是大农户的亩均净收益要高于小农户。在单纯考察土地生产率时，存在正向和负向关系的争议，而当考察其他生产率指标时，正向关系得到更多经验研究的支撑。关于劳动生产率与农地经营规模之间的关系，多数研究证实了两者的正向关系（卫新等，2003；李谷成等，2009；夏永祥，2002；黄祖辉等，1998；辛良杰等，2009；齐城，2008；黄宗智等，2007；Reardon *et al.*，1996）。关于成本利润率和农地经营规模之间的关系，由于生产成本计算的差异，导致研究结果的不同。李谷成等（2009）研究认为，包含劳动力成本（含家庭用工）的成本利润率与农地经营规模存在显著正相关关系，但不包含劳动力成本的成本利润率与农地规模大小无关；夏永祥（2002）认为成本利润率与土地规模之间的关系是倒“U”形，并取决于二者的配置比例，在土地少而资本多的情况下，扩大土地规模可以提高成本利润率。关于全要素生产率、技术效率和农地经营规模的研究较少，有研究表明全要素生产率和土地经营面积无显著关系（Townsend *et al.*，1998；李谷成等，2010）。刘玉铭等（2007）利用黑龙江省各地的农户面板数据，发现农户经营规模的扩大对农业全要素生产率具有促进作用。Bagi（1982）利用随机前沿生产函数测算了美国田纳西州西部从事纯种植业农户的技术效率，发现不同规模农户的技术效率相同。但是，Bagi and Huang（1983）使用超越对数生产函数测算出农户个体层面的技术效率，则显示大农户比小农户更有技术效率。Edward（2004）、张忠明等（2008）分别对巴西中西部地区和中国吉林省农户进行研究，均证明农地规模与技术效率之间是“U”形关系。此外，还有学者研究证明农地经营规模与生产率之间的关系是非线性的，例如农地规模与生产率之间是一种“U”形关系（邵晓梅，2004；张忠根等，2001；陈欣欣等，2000；Carter and Wiebe，1990），农地经营规模与土地生产率之间存在倒“U”形关系（胡初枝等，2007）。Chavas（2001）也认为，在农户规模和农业生产力之间可能存在着“U”形关系，即农业生产力先随着农户规模的扩大而减少，到达临界点后再随着农户规模的扩大而增加。随着农业科技的进步以及大农户规模经济优势的显现，小农户的市场竞争力将逐渐减弱。最后，若从经济学规模效应的概念出发，许多学者研究认为农地经营规模与生产率在统计上并不存在显著关系，艾利思（2006）、林毅夫（2005）、速水佑次郎和拉坦（2000）等都认为农业生产具有规模报酬不变的特征。

由于全球约87%的小农户分布在亚洲（Thapa，Gaiha，2011），自20世纪60年代起，关于该地区农业经营规模和生产效率之间关系的争论大概经历了一个循环（Fan，Chan-Kang，2005）：在20世纪60年代，Sen（1962，1966）发现印度农户规模和农业效率之间存在负向关系，使农业由于部分资源的不可分性而存在明显规模经济的传统认识受到极大挑战

(Berry, Cline, 1979; Binswanger *et al.*, 1993; Assuncao, Ghatak, 2003; Bizimana *et al.*, 2004)。普遍认为小农户更能充分利用所掌握的农业资源，尤其是劳动力，并通过自我剥削机制投入更多的劳动，且不用承担大农户雇工引起的监督和风险成本，因此具有更高的效率。到了20世纪七八十年代，随着许多亚洲国家的工业化及城镇化的快速发展，导致大量农村剩余劳动力向城镇转移，这与小农户“劳动密集”经营的解释产生矛盾，科学技术的进步也能为农业生产提供相对便宜的机械、化肥等农业投入品，降低农忙季节农业经营对劳动力的限制。因此，小农户被看作是工业化进程的阻碍，大规模农场被认为是必然趋势。进入20世纪90年代，以粮食作物生产为主的农业生产结构逐渐发生改变，经济作物、畜禽养殖业和园艺产业得到迅速发展，小农户生产在这些领域具有明显的相对优势。同时，以机械化和化学化为特征的“农业现代化”模式对土壤、水体、大气等自然资源产生交叉污染，并引起食品不安全等严重的负外部性问题，强调大农户的有效性再次面临挑战（Fan, 2005）。

在中国，随着新型农业经营主体的迅速发展，地方政府热衷于推动农业规模化、发展高效农业，深入探讨农地经营规模与农业生产率的关系具有很强的政策含义。近年来，考虑到中国经济社会发展进入新常态，传统的具有效率的小农户经营模式正面临着各种挑战，虽然国内外学者针对不同地区、不同品种、不同指标的研究结论差异较大，但是针对新时期中国小农户经营是否还具有效率？影响农户经营规模的因素究竟有哪些？中国小农户今后的发展路径和实现模式？等这一系列新情况新问题都还缺乏系统的研究，中国作为一个发展中农业大国，有必要全面、系统考察不同地区、不同品种农地经营规模与农业生产率的关系，并考察影响农户经营规模的不同因素，为推动新时期小农户转型提供决策参考，这也正是本研究的主要目的。

六、农业经营规模和生产效率研究方法的发展动态

目前，学术界对农户经营规模和生产效率之间关系的研究大都采用经典方程进行OLS估计，即对农户生产率与农户实际投入生产的耕地面积的关系进行估计（Carter, 1984; Heltberg, 1998）。后来的学者在此基础上引入一些外生变量来控制某些重要特征对农户效率的影响，如土地质量差异、农户异质性、耕地细碎化程度等，使模型拥有更好的解释力。对于全要素生产率、技术进步和技术效率的研究主要有两种方法：一是运用线性规划方法求解的非参数方法，即数据包络分析（DEA）方法。孟令杰、张红梅（2004）

采用数据包络分析（DEA）方法，对中国2002年各小麦产区的综合技术效率、纯技术效率及规模效率进行了测算。肖红波（2012）利用DEA数据包络分析技术结合Malmquist指数对中国粮食全要素生产效率进行计算并分解；二是利用随机前沿分析方法（SFA）。由于DEA数据包络分析对异常值非常敏感，并且其结论不能依靠统计显著性进行验证，所以其结果往往令经济学者质疑，因此第二种方法得到更多应用（亢霞，2005；田维明，1999；乔世君，2004；肖运来，2002；朱希刚，1994；林毅夫，1994；黄季焜，2001）。中国学者对于生产效率的研究多采用C-D生产函数方法，主要在于该函数具有简洁、易于分解和经济含义明显等特点（Fan，1991；Lin，1992；Zhang and Carter，1997；乔榛等，2006；李谷成等，2009）。利用上述方法，在小农户是否具有效率方面，高梦滔、张颖（2006），李谷成、冯中朝等（2009）等都进行了相关研究，得出了非常具有价值的结论。

目前来看，关于测算农业生产效率和粮食生产效率方面的研究较多，诸多学者在研究方法领域都做出了重要贡献，这为本文开展研究奠定了良好的方法论基础。但是，这些研究也有两个不足：一是所采用的农户数据跨度不够且范围较窄，无法体现中国经济进入新常态后的各种特征变化，农户面板数据跨度不够也影响到衡量粮食生产效率变化的长期变化规律。本文则利用全国农村固定观察点长期的农户追踪数据来克服这种不足；二是未能全面比较分析不同规模农户的相关特征。近年来，随着新型农业经营主体的发展，不同规模农户表现出不同的阶段性特征。但是，由于缺乏全国性的统计数据或其他原因，未能对农户按不同规模进行分类并做比较研究，本文将通过对全国农村固定观察点农户数据的分类测算不同区域、不同品种、不同时期、不同规模农户的经营效率，并进行对比分析。

党的十九大明确提出中国特色社会主义迈入新时代，农业农村现代化发展正面临着新的历史契机，但是，作为中国农业经营的主体，小农户的现代化也就是中国农业农村现代化的未来。促进小农经济的转型发展正是实现农业农村现代化、实现传统农业向现代农业转型和乡村振兴的关键。本研究从长期以来备受关注的小农户着手，基于全国农村固定观察点的长期农户历史数据，深入总结分析小农户在新时期宏观经济形势下的基本特征和所面临的重要挑战，系统分析小农户的演进变化，全面考察小农户在中国农业农村经济发展中的突出地位，测算不同区域、不同品种、不同时期、不同类型农户生产效率的变化特征，探讨中国小农户的发展前景和农户经营规模的路径选择，为新时期推进小农户顺利转型、培育新型农业经营主体及促进新时代小农户与现代农业发展有机衔接服务。

第三节　本章小结

基于以上分析，可以得出以下结论：一是农业规模化经营需要政策等配套支撑。农地规模化经营是一个系统复杂的过程，推动农户耕地经营的规模化发展是迈向现代农业的一个重要标志，但是影响农户规模化发展的因素较多，不仅包括资源禀赋、自然条件等，还包括农地制度、经济水平和农户受教育程度等。根据现有的产权理论、制度变迁理论以及规模经济理论等，改革开放以来，由市场推动的部分农村地区土地承包者和经营者的逐步分离现状，是当前农地“三权分置”改革的原始动因，这项改革明确了各权利主体，为农地有效流转创造了良好条件，适应了新时期农业农村发展的政策需求，但是，这项改革还需要国家层面进一步完善相关配套政策，提供制度变迁需要的内外部环境，今后国家农地改革还要向规范土地市场、便利土地交易等方面迈进，进而提升农业生产效率。由于农业生产与企业生产完全不同，实现农地经营规模经济的路径与传统的规模经济发展也会有所区别，但是，实现规模经济所需要的科技进步、交易成本、生产工具等配套则对实现农业规模经营具有重要的参考价值。农业规模化经营要充分考虑制度设计、交易成本、配套政策、经济发展、科技进步、生产要素等各项因素，为农户经营规模的变迁提供相应配套支撑，确保实现农户经营的规模经济，避免规模不经济现象的发生。二是小农户的概念不断发展变化。针对小农户问题的研究历史悠久，许多学者从不同角度、不同领域、不同类别对小农户进行过系统研究和梳理，并取得了丰硕研究成果，极大丰富了小农户概念的内涵。即便如此，由于资源禀赋等差异显著，小农户仍未有一个普适性的概念。从经济学角度来看，小农户的概念是不断发展变化的，为方便国际比较及与新型农业经营主体相区别，本书采用世界银行的定义，指经营耕地面积不超过2公顷的农户或农场。在国际上，家庭农场的范畴要大于小农户，存在概念重叠问题；而在国内，家庭农场是小农户发展到一定程度的更高级形式，不存在概念重叠问题，但家庭农场的范畴明显小于小农户。由于本书立足国内，研究对象仅限于全国农村固定观察点的农户数据，并不包括家庭农场等新型农业经营主体，正视两者的差距是正确制定农业政策的根本前提。三是关于农户经营规模与生产效率之间关系研究的数据基础。统计数据的缺乏和无法比较是全球研究小农户面临的最为严重的问题，国内外学者针对中国小农户问题的研究较多，但由于数据可获得性问题，研究更多集中在一个或多个区域及对全国情况的估算，缺乏对全国情况的系统准确研究。本书利用全国农村固定观察点的农户监测数据进行研究，该套数据具有较强的权威性、准确性和系统性，能够满足研究需要。当然，任何一套数据都难达到十全十美，早期指标的设计可能难以达到当前使用要求的标准，但无论如何，这都是一套相对细致、能够准确反映中国改革开放以来农业农村发展变化的重要统计数据，也将为本研究提供重要的数据支撑。

第三章　中国小农户发展的历史回顾和现状分析

长期以来，基于人多地少的基本国情，以家庭为基本单元的小农户经营模式是中国农业生产的根本特征。研究表明，小农户是中国农业生产的绝对主体，占比超过 95%（Thapa，Gaiha，2011），1980—1999 年，中国户均经营耕地面积有减少趋势（Fan，Chan Kang，2005）。进入新世纪后，随着新型城镇化以及工业化的迅速发展，农户经营规模呈现新的变化特点。本研究基于全国农村固定观察点数据对户均经营耕地规模进行了详细分析，该指标以年末实际经营耕地面积为标准，剔除部分缺失值，也没有考虑年末经营耕地面积为零的样本，这样更能反映农户经营的实际状况，具有更明确的政策含义。同时，为了更好地理解当前中国小农户发展的阶段性特征，本章也梳理了 1949 年 10 月 1 日以来中国农户经营规模的变迁趋势。

第一节　小农户的发展历程

在 1949 年 10 月 1 日以前，中国农村长期处于传统经济的状态，据陈锡文等（2008）研究，当时的农村经济存在着以下几个显著特点：第一，土地实行私有制，但所有权分布不平衡，少数地主占有较多的土地，而多数农民只占有较少的土地。据统计，在土地改革前，占总人口不到 5%的地主占据了约 40%的耕地，且以高产田、水田居多；第二，农民以家庭为单位，在自有或租佃来的土地上实行规模细小的农业经营；第三，在家庭经营中，农业与畜牧业、手工业和家庭副业相结合，以综合利用农业的副产品和充裕的劳动力，农民生产和生活的必需品自给程度较高；第四，商品市场关系发育较早，剩余农产品的市场交换、土地的买卖和劳动力的流动等，都比较自由。由于土地是农业生产过程中最为基础的生产资料，因此在 1949 年前后，中国共产党领导广大农民进行了土地改革，消灭了地主所有制及由此形成的土地租佃关系，基本实现了农村土地所有权分布的平均化，使广大农民变成自耕农，但即便如此，中国农业经营的总体特点并未发生重大变化，仍是以家庭为单位的小农户经营。据统计，1952 年中国人均耕地面积约为 2.71 亩，农村人均耕地面积约为 3.09 亩，属于典型的小农户经营结构。

中国土地改革在 1952 年年底基本结束之后，为防止历史上发生的土地所有权从平均化到兼并、形成大地产的反复，加快实现农业现代化，中央决定推行互助组和初级农业生产合作社，大力推进农业生产的机械化，实现国家对农业的社会主义改造。在此之后，中国农业经营模式先后经历了私有土地上的分户经营、互助经营、合作统一经营以及集体公有土地上的集中统一经营等深刻变化，至 1956 年年底，全国农村基本实现了高级农业生产合作社的普遍化。其中，高级社的建立是中国改革开放前以土地集体公有为基础的农业经营制度基本形成的标志，其意味着以农户土地私有为基础的农村经营制度向以土地集体所有制转变，家庭不再是一个经营主体。事实证明，“一大二公”和“政社合一”的人民公社制度，严重束缚了农民从事农业生产的积极性，制约了农村生产力的发展。林毅夫（1990）从博弈论的视角出发认为，由于农业生产存在着监督极为困难的问题，一个农业合作社或集体农场的成功，只能依靠社员间达成一种“自我实施”的协议，在此协议下，每个成员承诺提供同他在自己农场劳动时一样大的努力，但这种自我实施的合约只有在重复博弈的情形下才能维持。实际上，自 1958 年的人民公社制度后，每个成员的退社自由权力被剥夺，导致“自我实施”的协议无法维系，进而引起劳动者积极性下降，农业生产效率大幅滑坡。然而，从另一个角度来看，中华人民共和国建立初期，中国农业农村发展恢复了传统的以小规模农户家庭经营为主的经营方式，但是，面对全国各地百废待举的困难局面，农田基础设施完全遭到破坏，农业生产资料极度匮乏，以家庭为单位的农业经营方式逐步遇到各种各样的挑战，农业现代化建设更是任重道远。第二次土地改革正是着力探索适应新中国成立初期的农业经营模式，并以互助组、初级社等形式完成了对农户合作组织的创新，能够利用集体力量完善农村各类公共事业，尤其是在全国范围内进行了农田水利基础设施建设，为后期农业农村迅速发展、推动农业现代化发展奠定了良好基础。在当时背景下，这一经营方式的变革具有划时代的意义，它不仅有力解决了农业农村公共事业建设力量不足的问题，有效避免了农户之间的收入不平等，更为后期家庭联产承包责任制的实施创新了条件。当然，不可否认的是，由于激励机制的丧失，使农户生产效率受到极大影响，并渐渐成为推进农业现代化的重要阻碍。

第二节　改革开放以来中国小农户发展动态

伴随着农村各类公共事业建设的顺利推动，中国农业生产效率低下的问题日益凸显，提高农业生产力迫切需要对以土地集体公有为基础的农业经营制度进行改革。1978 年，党的十一届三中全会拉开了中国农村改革的序幕，家庭联产承包责任制的实施标志着中国重新确立起以家庭为单位的小农户经营模式，这种制度反映出农业生产特点对其经营组织形式的客观要求，迅速解放了农业生产力，有效促进了中国农业增长。1983 年年底，中国农村基本实行了以家庭承包经营为基础、统分结合的双层经营体制。据统计，改革开放以来，中国粮、棉、油、糖等主要农产品产量均取得大幅增长，各种畜禽产品产量增长速度更快，农业综合生产能力得到大幅提升。农业生产的稳定快速发展为工业化、城镇化的快速推进提供了足够保障，支撑着城镇化带来的食物消费结构的巨大变革以及人口增长引起的食物消费增加。根据 Lin（1992）研究，家庭联产承包责任制对当时农业增长的贡献率高达 46.89%，但该制度的一次性突发增长效应在 1984 年基本释放完毕。基于前期的经验教训，家庭联产承包责任制采取统一经营和分散经营相结合的原则，以家庭为基本的经营单元，对于农村各类公共事业，如家庭经营难有所作为的农田水利建设、农产品加工和运销等环节则发挥集体优势、实行集体统一经营。事实上，家庭联产承包责任制的实施极大提升了中国小农户的积极性，有力推动了农业生产效率的提高，但是，随着农业农村的不断发展进步以及改革开放带来的冲击，小农户的家庭经营模式不断被强化，集体统一经营的领域却不断被忽视，如农田水利等设施年久失修、农村基建无力开展、农村公共服务差距较大等问题不断涌现。在经济社会快速发展以及新型工业化、城镇化快速推进的同时，中国农村大量劳动力向外转移、耕地面积持续减少、农业总产值占国内生产总值的比重也在不断下降，再加上人口不断增长，导致中国人均耕地面积持续减少，小农户的经营规模也呈缩小趋势。根据第二次全国土地调查（2013）数据显示，2009 年全国人均耕地面积已下降至 1.52 亩，人多地少的基本国情更加突出，中国小农户发展步入新阶段。

据国家统计局数据，自 1983 年起中国农村居民家庭人均经营耕地面积呈现出有规律的波动。由于 1996 年对全国耕地面积统计数据进行了人为调整，因此研究以 1996 年为分界点划分为两阶段：其中，1983—1996 年，家庭人均经营面积以增加为主，1996 年达到 2.3 亩，比 1983 年增长 19.2%；

1997—2012 年家庭人均经营面积经历了先降后增的过程，1997—2003 年以下降为主，2004 年以来则保持增长。究其原因，1997—2003 年，中国耕地面积减少速度加快，主要是受生态退耕、农业结构调整、建设占用以及灾害毁损等因素影响。自 2004 年起，随着农村劳动力的大量转移，农村经营耕地面积出现持续稳定增加，尤其自党的十八大以来，专业大户、家庭农场、农民合作社等新型农业经营主体获得迅速发展，加上全国户籍制度改革的实施及新型城镇化发展加快，传统的小农户经营结构面临的内外环境变化迅速，农业转移人口市民化步入正式轨道，新一轮农地制度的"三权分置"改革使土地承包经营权主体同经营权主体发生分离，促进农地经营规模化发展的效应逐步显现，根据国家统计局数据计算，2016 年农村家庭人均经营耕地面积达到 3.43 亩，且保持增长势头（图 3.1）。

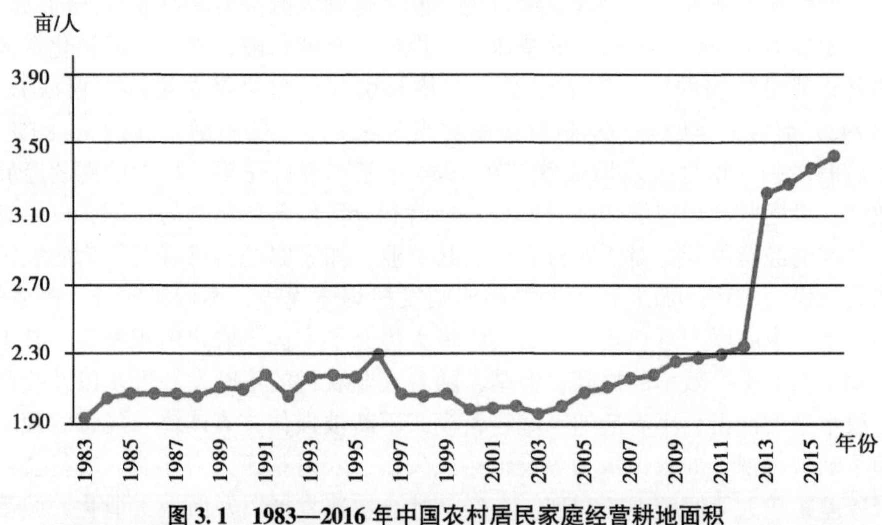

图 3.1　1983—2016 年中国农村居民家庭经营耕地面积

注：1978—2012 年农村居民家庭经营人均耕地面积数据来源于国家统计局，2013—2016 年根据《中国统计年鉴》耕地面积和乡村人口计算

基于人多地少的基本国情，虽然中国农村居民家庭经营耕地面积经历着规律性变化，但仍无法摆脱以小农户为主体的根本特点。据统计，到 2012 年年底，中国农村承包集体耕地的农民家庭约 2.3 亿户（陈锡文，2013），根据最新的全国土地调查结果计算可知平均每户耕地面积约 8.83 亩，即 0.59 公顷；在上述承包农户中仍在耕地上从事农业生产经营的农民家庭约 1.9 亿户，若以农户经营耕地面积计算，可知平均每户经营耕地面积约

10.69 亩，即 0.71 公顷。虽然每户经营耕地面积有所增长，但是仍远远低于世界银行户均 2 公顷的小农户标准。近年来，新型农业经营主体快速发展，但规模化的种植大户数量仍然有限，占比较低。据统计，截至 2016 年年底，全国家庭承包经营耕地流转面积达 4.7 亿亩，占承包地合同面积的 35.1%，流转合作签订率超过 70%，经营规模 50 亩（即 3.33 公顷）以上的专业大户超过 350 万户，家庭农场、农民合作社等各类新型经营主体超过 280 万家。但是，与农村耕地经营总户数相比占比仍然较低。

第三节　基于全国农村固定观察点数据的现状分析

一、样本数据的处理说明及分类

全国农村固定观察点数据属于连续追踪的大样本农户数据，出于代表性和准确性的考虑，1986—2015 年，曾对样本农户进行调整，部分样本农户有所替换。其中，1986—2000 年，样本量保持了 80%，在 2003 年进行大的调整后，农户数量基本固定（每年略有调整，但幅度不大）。从样本结构来看，1986 年调查样本量约为 2.7 万，年末经营耕地农户 2.67 万，在经过逐年调整后，2005 年总样本量降至 2 万左右，年末经营耕地农户约 1.77 万。同时，调查问卷也不断细化，所涉及内容也在不断完善。因此，该套大样本数据具有充分的代表性和准确性，基本能够反映出中国小农户的详细发展动态和演进历程。本研究更多地侧重于小农户整体演进，并尽可能地利用多个指标对小农户进行研究说明。为深入分析不同规模小农户的基本特征，按年末实际经营耕地面积对小农户进行详细的分类，即零到 0.25 公顷属于第 1 类，0.25 公顷到 0.5 公顷属于第 2 类，0.5 公顷到 0.75 公顷属于第 3 类，0.75 公顷到 1.0 公顷属于第 4 类，1.0 公顷到 1.25 公顷属于第 5 类，1.25 公顷到 1.5 公顷属于第 6 类，1.5 公顷到 1.75 公顷属于第 7 类，1.75 公顷到 2.0 公顷属于第 8 类，2.0 公顷到 5.0 公顷属于第 9 类，5.0 公顷到 10.0 公顷属于第 10 类，大于 10 公顷属于第 11 类。除第 11 类外，其他各类均为右封闭区间。

二、中国小农户发展的家庭特征

随着中国工业化、城镇化的快速发展以及农业比较效益的下降，以小农户为主体的农业经营模式受到冲击，大量农村劳动力向城镇转移，依靠传统农业维持生计的状况被打破，农民非农就业不仅带来劳动力转移及市场参与程度的提高，更促进了农民收入的多元化及维护生计能力的提高，同时引起小农户家庭特征的改变。本部分内容以农户家庭特征为主要研究对象，详细分析小农户家庭特征的历史变化情况。因全国农村固定观察点农户调研自2003年起才包括对户主及家庭成员详细信息的统计指标，故本部分所用数据主要基于2003年及以后的各年农户调研，并选取2003年、2005年、2009年、2010年和2015年为主要年份进行分析。

1. 男性户主比例占绝对优势，女性户主占比增势明显

全国来看，2003年以来，农户家庭男性户主比例大部分时间维持在96%以上，男性户主比例占绝对优势，进入“十三五”时期后，男性户主占比略有下降，2015年时降为92.1%，女性户主占比明显上升。分区域来看，东部地区男性户主比重相对较低，2015年降至约91%，中西部地区男性户主占比相对保持高位，接近97%，到了2015年下降明显。东北地区男性户主家庭比重持续下降，但在四个区域中占比最高，2015年也保持在95%以上（表3.1）。

表3.1　2003—2015年中国分地区小农户户主性别比例　　（%）

区　域	2003年		2005年		2009年		2010年		2015年	
	男	女	男	女	男	女	男	女	男	女
全　国	96.4	3.6	96.7	3.3	96.6	3.4	96.7	3.3	92.1	7.9
东中西平均	96.0	4.0	96.3	3.7	96.2	3.8	96.3	3.7	91.4	8.6
东　部	95.0	5.0	95.4	4.6	95.2	4.8	95.1	4.9	90.9	9.1
中　部	96.7	3.3	97.0	3.0	96.8	3.2	96.9	3.1	92.0	8.1
西　部	96.2	3.8	96.6	3.4	96.5	3.5	96.7	3.3	91.3	8.7
东　北	98.9	1.1	99.2	0.8	98.9	1.1	98.7	1.3	96.3	3.7

数据来源：根据全国农村固定观察点农户数据计算整理

2. 随着农户经营规模的扩大，男性户主比重有上升趋势

根据测算结果，21世纪以来男性户主占比与农户经营规模呈明显的正相关关系，2003年时第1类农户中男性户主比重约为92.3%，而第11类时男性户主比重达到100%，其他各年份的变化趋势基本一致。结果表明，在农户家庭规模较小的背景下，男性劳动力外出务工的可能性更大一些，农业生产主要由女性经营，女性户主比例相对较高。东北男性户主比重随着经营规模扩大而增加趋势更为明显，2003—2015年东北地区第1类农户男性户主占

比均低于其他地区，但到了第10类农户男性比重均达到100%，略高于其他地区（图3.2）。

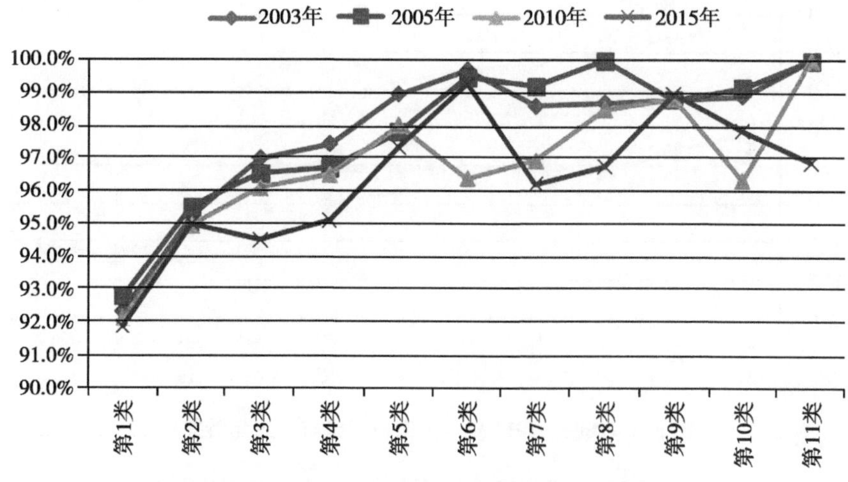

图3.2　2003—2015年中国农户规模与男性户主比重关系

3. 户主年龄持续增加，且随经营规模扩大而下降

据统计，2015年全国农村户主年龄达到56.9岁，比2003年高7.2岁。分地区来看，东部和中部地区户主年龄较高，均达到58.3岁，比最低的东北地区高出4.1岁。农户经营规模与户主年龄之间也存在明显的反向关系，随着经营规模的扩大，户主年龄有下降趋势，2015年第1类农户户主平均年龄约为55.5岁，但在第10类农户中，平均户主年龄约为49.6岁。其他年份的变化趋势基本一致（表3.2、图3.3）。

表3.2　2003—2015年中国小农户户主年龄　（岁）

区　域	2003年	2005年	2009年	2010年	2015年
全　国	49.7	50.6	53.0	53.5	56.9
东中西	50.0	51.0	53.4	54.0	57.4
东　部	50.7	52.0	54.6	55.2	58.3
中　部	50.0	51.2	53.7	54.4	58.3
西　部	49.4	50.1	52.1	52.8	55.7
东　北	46.9	48.2	50.7	51.4	54.2

数据来源：根据全国农村固定观察点农户数据计算整理

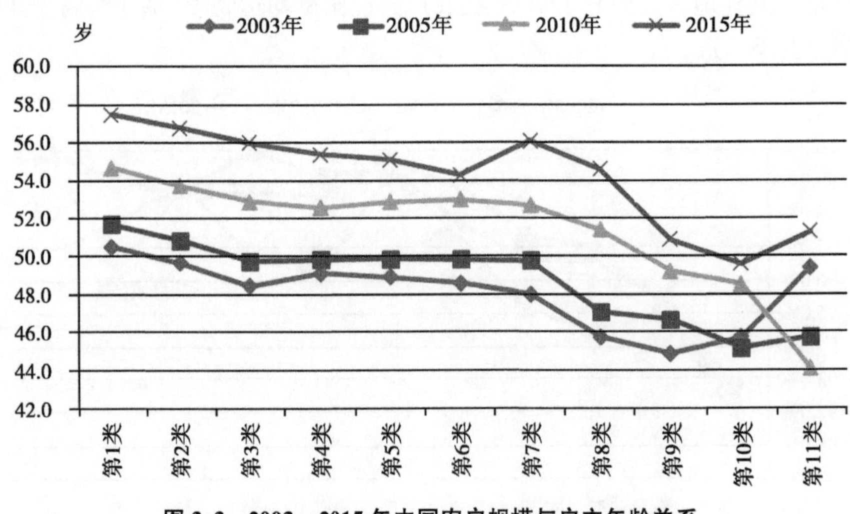

图 3.3　2003—2015 年中国农户规模与户主年龄关系

4. 户主受教育水平在不断提高，女性户主受教育程度普遍高于男性

2015 年全国平均受教育年限为 7.03 年，比 2003 年提高 0.3 年，增长缓慢。女性户主受教育水平普遍高于男性户主，主要因为在传统农村家庭，女性要想成为户主需要冲破传统观念等更多限制。2003—2015 年期间，女性户主受教育年限提高到 7.1 年，高于男性。分区域来看，东北地区女性户主受教育年限普遍较高，东部地区相对最低（表 3.3）。

表 3.3　2003—2015 年中国小农户户主受教育年限　　（年）

区域	2003 年		2005 年		2009 年		2010 年		2015 年	
	男	女	男	女	男	女	男	女	男	女
全国	6.71	6.82	6.82	7.05	6.91	7.11	6.93	7.09	7.02	7.10
东中西	6.66	6.76	6.81	7.23	6.95	7.26	6.93	7.16	7.23	7.29
东部	6.99	6.44	7.11	6.72	7.32	6.81	7.35	6.90	7.39	6.93
中部	6.57	7.40	6.69	7.68	6.70	7.73	6.72	7.50	6.88	7.54
西部	6.41	6.71	6.60	7.45	6.76	7.41	6.66	7.17	6.99	7.38
东北	7.19	7.86	7.26	7.68	7.20	8.31	7.23	8.49	7.30	8.39

数据来源：根据全国农村固定观察点农户数据计算整理

5. 随着农户经营规模的扩大，户主受教育程度缓慢提高

2003 年，第 1 类农户户主平均受教育年限为 6.55 年，而第 11 类农户户主受教育年限达 9.4 年，2005 年第 1 类和第 11 类农户户主平均受教育年限

分别为6.65年和7.17年，2009年分别为6.66年和7.11年，2010年分别为6.69年和7.7年。农户经营规模与农户受教育水平存在着明显的正向关系，农户规模化经营需要人才的支撑（图3.4）。

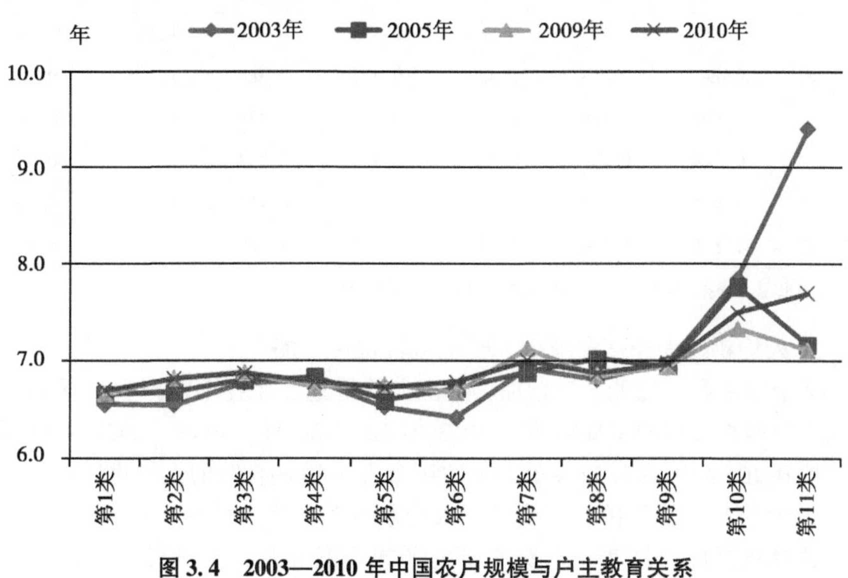

图3.4　2003—2010年中国农户规模与户主教育关系

三、中国小农户户均经营耕地变化情况

1. 户均经营规模由递减转为递增，东北地区户均经营规模远高于其他区域

进入21世纪后，农户户均耕地面积呈明显增长态势；东部、中部和东北地区显著增长，西部地区受退耕还林政策影响，略有下降。从全国范围来看，在1986—2000年，中国户均经营耕地规模呈下降趋势，由0.629公顷下降到0.555公顷，减少0.074公顷。但是，进入新世纪后，户均耕地规模出现增长态势，2015年时增长到0.642公顷，虽然幅度较小，但态势明显。分区域来看，东部和中部地区户均耕地规模变化趋势与全国趋势基本一致，西部地区受退耕还林政策影响，出现减少。自1998年起，为控制洪水和防止水土流失，国家启动退耕还林工程，最初涉及西部的陕西、甘肃和四川等省，2002年时扩大到25个省（市、区）。据统计，1999—2002年，退耕还林工程累计安排退耕还林任务648.5万公顷，其中退耕地造林301.8万公顷。东北地区户均经营规模呈持续增长态势，由1986年的1.234公顷增长

到1.852公顷（表3.4）。

表3.4 1986—2015年中国小农户户均实际经营耕地规模 （公顷）

区 域	1986年	1990年	1995年	2000年	2005年	2010年	2015年
全 国	0.629	0.555	0.565	0.555	0.579	0.597	0.642
东中西	0.490	0.463	0.425	0.403	0.388	0.395	0.400
东 部	0.386	0.369	0.341	0.331	0.331	0.341	0.311
中 部	0.442	0.439	0.373	0.350	0.354	0.373	0.363
西 部	0.662	0.592	0.563	0.520	0.455	0.453	0.497
东 北	1.234	1.276	1.336	1.407	1.580	1.599	1.852

数据来源：根据全国农村固定观察点农户数据计算整理

2. 人均耕地面积逐渐减少，土地流转快速增加

从全国来看，随着人口增加，中国人均耕地面积在不断减少。据第二次全国土地调查公布的主要数据（2013年12月30日）显示，2009年全国人均耕地0.101公顷（1.52亩），较1996年第一次调查时的人均耕地0.106公顷（1.59亩）有所下降，不到世界人均水平的一半。但是，进入21世纪以来，随着城镇化的加速，土地流转的形式不断变化，出现转包、出租、借用、互换、转让、入股等多元化趋向，土地流转速度的加快以及土地流转形式的多元化发展对传统土地制度形成挑战，土地制度的改革面临着越来越大的压力。党的十八大以来，逐步确立“三权分置”（土地所有权、农户承包权、土地经营权）的农地改革框架，进一步促进了土地流转的加速。据统计，截至2016年年底，全国家庭承包经营耕地流转面积达4.7亿亩，占承包地合同面积的35.1%，流转合作签订率超过70%。除了样本量的变动外，年末经营耕地的农户总量减少速度加快，农户从农村转移到城镇的限制越来越少，在劳动力充分流动的前提下，将进一步打破传统的城乡二元结构，随着城镇化的快速发展以及土地“三权分离”的实施，户均经营耕地面积还有进一步增加趋势。

3. 小规模农户和大规模农户数量不断增长，中间规模农户数量持续减少

按世界银行（2003）的标准，1986年中国高达96.1%的农户属于小农户，2010年这一比重略有下降，但也仍为95.3%，2015年下降至93.7%。从各类型农户演进变化分析，不同类型小农户变化趋势差异较大。1986—2015年，第1类（即0到0.25公顷）农户所占比重持续上升，增长了近12个百分点，第2~8类农户所占比重都有不同程度的下降，其中，第3类下降

约4个百分点，降幅最大；第9~11类农户所占比重都有增长，但幅度较小，约1个百分点。但是，进入21世纪，小农户发展呈现出新的持续性变化，2000—2015年，在第1类农户所占比重上升的同时，第2、第3类农户所占比重持续下降，并且主要集中在中西部地区。同时，第6、7、8、9类农户所占比重也出现持续性增长，虽然幅度不大，但趋势非常明显。结果表明，中国小农户经营规模正向两个极端方向发展，一方面经营面积低于0.25公顷和大于1.25公顷的农户数量都在增加，这一趋势在中部地区最为明显，另一方面，经营面积介于0.25公顷和1.25公顷之间的农户数量总体在减少，这一趋势在东北和西部地区最为明显（表3.5）。

表3.5　1986—2015年中国不同规模小农户数量占比　（%）

类　别	1986年	1990年	1995年	2000年	2005年	2010年	2015年
第1类	27.7	31.84	32.92	36.90	37.07	38.02	39.34
第2类	31.78	34.09	33.47	31.13	30.67	28.98	26.67
第3类	16.03	14.94	14.06	13.21	12.60	12.18	12.13
第4类	9.03	7.42	7.24	7.10	7.06	7.47	7.21
第5类	4.61	3.80	3.45	3.50	3.35	3.27	3.18
第6类	3.39	2.65	2.48	2.13	2.20	2.34	2.31
第7类	1.99	1.67	1.5	1.54	1.45	1.70	1.55
第8类	1.55	1.10	1.36	1.03	1.13	1.29	1.26
第9类	3.47	2.20	3.14	2.74	3.73	3.87	4.68
第10类	0.43	0.22	0.36	0.69	0.67	0.71	1.42
第11类	0.03	0.06	0.03	0.04	0.07	0.16	0.26
合　计	100.00	100.00	100.00	100.00	100.00	100.00	100.00

数据来源：根据全国农村固定观察点农户数据计算整理

4. 东中西部小规模农户占比增长快，东北地区小规模农户占比持续下降

分区域来看，1986—2015年，西部和中部地区第1类农户所占比重增长较快，分别增长17.7和19个百分点，东部地区增长9.5个百分点。东北地区是唯一出现占比下降的地区，第1类农户所占比重下降了2个百分点。与此同时，东部和中部地区的第2、第3类农户占比出现明显下降，尤其是中部地区，下降幅度最大，西部地区下降幅度较小。在东北地区，第2类农户占比均略有增长，从第3类农户起占比开始出现下降。但是，从第9类农户开始，即经营耕地面积在2.0公顷以上的农户，东北地区占比出现明显上升，尤其是第9类农户，所占比重上升约8个百分点；而东部、中部和西部

地区略有增加。整体来看，各地区小农户发展特征明显，但差异较大：东部地区第 1 类农户占比增长显著，但其他各类农户占比以下降为主，东部地区人口密度大，务农机会成本高，兼业农户较多，务农更多地为了满足自身需求；中部、西部地区第 1 类农户占比增幅最大，但是其他各类农户占比也以下降为主；东北地区前 8 类农户占比均有不同程度减少，但是从第 7 类开始，农户占比出现不同程度增长。若将全国划分为东北和东中西两个地区，可以发现东中西部第 1 类农户占比快速增长的同时，其他各类农户占比均有不同程度下降，而东北地区规模化经营趋势十分明显，第 1 类农户减少的同时，年末经营面积 1.5 公顷以上农户占比均有提高。东中西地区第 11 类农户数量不多，但是所占比重略有上升（表 3.6）。

表 3.6　1986 年和 2015 年中国不同区域、不同规模小农户数量占比（%）

类别	东部		中部		西部		东中西		东北		全国	
	2015	1986	2015	1986	2015	1986	2015	1986	2015	1986	2015	1986
第 1 类	50.61	41.09	47.40	28.40	38.92	21.20	44.80	30.74	12.33	14.39	39.34	27.70
第 2 类	28.21	34.70	28.80	40.89	31.03	33.25	29.55	36.29	12.42	12.06	26.67	31.78
第 3 类	11.51	14.50	12.71	17.88	12.81	16.66	12.41	16.28	10.73	14.90	12.13	16.03
第 4 类	5.37	5.43	5.73	7.17	7.08	10.76	6.19	7.66	12.29	15.02	7.21	9.03
第 5 类	1.01	1.70	2.18	2.67	3.26	6.35	2.30	3.46	7.55	9.63	3.18	4.61
第 6 类	1.01	0.74	1.50	1.63	1.80	4.23	1.49	2.12	6.35	8.95	2.31	3.39
第 7 类	0.65	0.48	0.57	0.61	1.32	2.53	0.90	1.16	4.74	5.59	1.55	1.99
第 8 类	0.42	0.54	0.55	0.43	0.95	1.75	0.68	0.88	4.13	4.50	1.26	1.55
第 9 类	1.10	0.82	0.46	0.31	2.31	2.95	1.40	1.31	20.87	12.91	4.68	3.47
第 10 类	0.09	0.00	0.05	0.00	0.45	0.31	0.23	0.10	7.34	1.89	1.42	0.43
第 11 类	0.03	0.00	0.05	0.00	0.08	0.00	0.06	0.00	1.24	0.16	0.26	0.03
合计	100.00	100.00	100.00	100.00	100.00	100.00	100.00	100.00	100.00	100.00	100.00	100.00

数据来源：根据全国农村固定观察点农户数据计算整理

今后很长一段时期，小规模农户为主体的农业经营模式还将持续存在。2013 年中央农村工作会议提出要适应农业生产关系变化新趋势，把土地承包经营权主体同经营权主体分离，为中国农地制度改革确立了基本方向，即集体所有、家庭承包、多元经营。未来一段时间，在土地承包权更加稳固前提下，经营权流转满足了农民离土离乡或留土离乡诉求，有利于解决“地从哪来、地由谁种、地怎么种”问题，促进新型农业经营主体培育，更有效保护耕地红线。土地承包经营权的“再分离”虽然顺应农业生产关系变化新趋势，并且有利于解决“未来谁来种地”等突出问题，但是也应该看到其背后还存在着一些问题，如承包权主体和经营权主体双方如何维持规范合理的约定，这迫切需求相关的制度设计。毕竟农地改革牵涉亿万农民切身利益，作为农民最为基本的利益保障，还与户籍制度改革等相关联，因此必须积极稳妥推进。短期来看，此次农地制度创新有利于推动经营主体的多元化发展，实现农业适度规模经营，但在户籍制度改革伊始、城乡二元结构仍然存在等背景下，传统的以小规模家庭为主体的农业经营制度还将长期存在。

四、中国小农户耕地细碎化程度

小农户耕地细碎化程度有所改变，由最初的户均 8.08 块减少到 4.75 块；西部、中部地区减幅最大，东部地区减幅最小，东北地区整体变化不大。为了解小农户经营耕地的具体情况，本书还分析了农户经营耕地的零散程度。在农村固定观察点的数据系统中，1991 年及之前的调查仅有经营耕地块数这一指标，1994 年后对该指标进行了细化，划分为不足 0.5 亩块数、0.5~1.0 亩块数、1.0~2.0 亩块数、2.0~3.0 亩块数、3.0~4.0 亩块数、4.0~5.0 亩块数及 5 亩以上块数等 7 类。到了 2003 年，该指标又进行了调整，将实际经营耕地块数划分为不足 1 亩块数、1~3 亩块数、3~5 亩块数及 5 亩以上块数等 4 类，并延续至今。为保持前后连续性，笔者在计算中把 1994—2002 年的 7 类合并成了 4 类，与最新的类型保持一致。结果发现，1986 — 2015 年，中国小农户实际经营耕地块数显著减少，由最初的户均 8.08 块减少到 4.75 块。其中，西部、中部地区减幅最大，西部地区户均减少 5.23 块，中部地区户均减少 4.3 块，东部地区户均减少 3.34 块。但在东北地区，户均耕地块数变化不大，期间虽有减少，但进入 21 世纪后又略有增加（表 3.7）。

表 3.7　1986—2015 年中国小农户户均经营耕地块数　　（块）

区　域	1986 年	1990 年	1995 年	2000 年	2005 年	2010 年	2015 年
全　国	8.08	7.74	6.54	6.07	5.16	4.79	4.75
东中西	8.93	8.14	7.02	6.46	5.36	4.92	4.80
东　部	7.37	6.61	5.78	5.36	4.40	4.12	4.03
中　部	9.03	7.78	6.66	6.10	5.12	4.73	4.75
西　部	10.60	10.19	8.61	7.81	6.22	5.64	5.37
东　北	4.37	4.65	3.91	3.87	4.15	4.17	4.52

数据来源：根据全国农村固定观察点农户数据计算整理

农户经营耕地细碎化程度有所改善，但仍有4/5地块小于3亩。研究对1995年后不同类型耕地块数占比进行了分析，结果表明，2015年，中国农户经营耕地中近55%不足1亩，这一比例比1995年下降约13个百分点；其他三种类型耕地占比均有不同程度上升，1~3亩耕地占比上升4.3个百分点，3~5亩耕地占比上升约4.8个百分点，5亩以上耕地占比上升约4个百分点。但是整体来看，2015年中国农户经营耕地块数小于3亩的比例仍高达82.4%，仅7.8%在5亩以上。分区域来看，2015年东部、中部、西部地区不足1亩的耕地占比均有所下降，其中东部和中部均下降约12个百分点，西部下降8.3个百分点，东北地区占比较低，降幅相对最小；对于在1~3亩耕地占比，东部、中部和西部变化趋势一致，均有不同程度增长，分别增长5.2%、7.5%和4.2%，东北地区则下降5.5个百分点。对于3亩以上耕地占比，四大区域变化趋势保持一致，占比均略有上升，东北地区增长最快，约3.3个百分点。东北地区不足1亩耕地所占比重在各区域中最低，仅16.1%，在3~5亩和5亩以上耕地占比均排在首位，分别达到24.2%和32.1%（表3.8）。

总体来说，中国耕地零散化现象严重，这一现象正成为农业规模经营的重要障碍。造成土地细碎化的原因主要包括：一是以家庭联产承包制为主的土地制度。20世纪80年代，家庭联产承包责任制确立后，农户可以从集体承包土地，实现了很大程度上的自主生产决策和自负盈亏。但同时，该制度按人口把土地分割成小块进行分户经营，使得耕地面积零碎和分散，这是中国农业经营模式主要以小规模家庭经营为主的根本原因。二是土地质量差异。由于不同区域土地质量差异较大，在承包土地时考虑到公平等因素，刻意对土地分配进行了细致划分，加剧了土地的细碎化程度。但是随着市场经济的发展及大量农村劳动力的转移，导致农村土地流转加快，许多地区也会在3~5年进行小范围的土地调整，客观改善了中国土地细碎化程度。此外，部分贫困地区自然条件恶劣，地形以山地、丘陵为主，耕作难度较大，零散地块较多。客观来说，农地资源稀缺及其分布不均，与中国庞大的人口现状相结合所构成的人多地少的人地关系现状，成为农地细碎化的根本原因。新时期指导土地流转的政策出台后，在工业化、城镇化的快速发展支撑下，中国农村耕地细碎化程度有望进一步降低，但是要考虑到区域、地形、人口密度等因素以及“土地承包关系要保持稳定并长久不变”的影响。

表 3.8　1995—2015 年中国不同区域、不同规模耕地块数占比　（%）

区　域	不足 1 亩		1~3 亩		3~5 亩		5 亩以上	
	2015	1995	2015	1995	2015	1995	2015	1995
全　国	54.90	68.18	27.50	23.16	9.70	4.89	7.80	3.77
东中西	62.80	73.19	27.50	22.13	6.80	3.49	2.90	1.19
东　部	60.20	72.79	28.20	22.96	8.30	3.36	3.20	0.90
中　部	62.30	73.81	30.20	22.69	5.70	2.88	1.70	0.62
西　部	64.60	72.94	25.30	21.12	6.60	4.09	3.50	1.84
东　北	16.10	19.70	27.60	33.09	24.20	18.44	32.10	28.77

数据来源：根据全国农村固定观察点农户数据计算整理

五、小农户收入结构

1. 粮食收入所占比重持续快速下降，东北地区粮食收入占比保持在高水平

小农户粮食收入所占比重持续下降，尤其是 1995 年后下降速度明显加快。其中，东部地区粮食收入占比最低，中西部地区粮食收入占比下降速度较快（尤其是在 1995 年以后），东北地区粮食收入占比维持在较高水平。粮食收入占比随农户经营规模的扩大而明显增长。在 1986—2015 年，农户粮食收入占家庭总收入的比重持续下降，由最初的 40.4%下降到 15.1%，尤其是在 1995 年后下降速度明显加快，平均每年下降 1 个百分点。分区域来看，东部地区粮食收入占农户家庭总收入的比重最低，1986 年只有 28.4%，但是 2015 年这一比例下降到 9.4%。1986 年，中部地区和西部地区粮食收入占农户家庭总收入的比重和全国平均水平相差不大，但是 2015 年这一比重均下降到 10%左右，下降速度快于全国平均水平，客观反映出中西部地区大量农村劳动力转移引起的其他收入占比的增长。但是，在东北地区，粮食收入占家庭总收入的比重一直维持在较高水平，尤其是 2000 年达到 61.8%，进入 21 世纪以来快速下降，但 2015 年时仍为 38.2%。自 20 世纪 80 年代起，随着国家粮食产量的持续增加，粮食供求关系逐渐由短缺向总量平衡、丰年有余转变，东部沿海地区劳动密集型产业的发展和乡镇企业的迅速崛起为农村剩余劳动力提供了新的就业机会，吸引着大量农村劳动力向城镇集中，农民收入结构呈现多元化趋势。小农户仅依靠小规模的农田根本无法满足增收致富的需要，其收入的多元化发展成为改善生计、摆脱贫困、走向富裕的关键（表 3.9）。

表 3.9　1986—2015 年中国不同区域粮食收入水平及占总收入比重

（元、%）

区域	1986 年		1990 年		1995 年		2000 年		2005 年		2010 年		2015 年	
	粮食	占比	粮食	占比	粮食	占比	粮食	占比	粮食	占比	粮食	占比	粮食	占比
全　国	754.7	40.4	1 031.4	34.9	2 651.2	36.7	1 683.1	29.1	2 492.9	25.6	4 421.0	23.4	5 208.7	15.1
东中西	633.7	36.9	938.8	32.8	2 301.4	32.5	1 402.1	23.6	1 880.3	21.3	3 285.3	18.3	3 472.7	10.6
东　部	593.7	28.4	810.9	23.2	2 424.1	27.5	1 344.8	18.9	1 723.2	14.6	2 940.9	16.7	3 080.2	9.4
中　部	667.7	40.5	1 007.9	34.7	2 256.0	34.6	1 398.3	24.0	1 884.8	20.0	3 469.7	19.2	4 083.2	13.0
西　部	643.5	42.8	1 003.8	41.0	2 228.8	35.4	1 457.7	27.7	1 983.1	26.8	3 359.5	18.7	3 379.7	9.9
东　北	1 281.8	56.5	1 757.5	51.8	4 585.4	61.0	3 250.3	61.8	5 695.5	47.9	10 058.7	47.8	14 158.9	38.2

数据来源：根据全国农村固定观察点农户数据计算整理

注：未扣除物价影响

2. 粮食收入占比随经营规模扩大而增加，约在超过 2 公顷时占比超过 50%

通过表 3.10 可以看出，粮食收入占家庭总收入的比重随着农户经营规模扩大呈明显增长趋势。1986 年，第 1 类农户粮食收入占家庭总收入的比重仅为 22.1%，但到了第 11 类农户，这一比例达到 76.8%；即使在 2010 年，这一正向变动关系仍然存在，第 1 类农户该比重仅为 13.0%，低于 1986 年，但到了第 11 类农户，这一比重增加为 70.5%。2015 年，虽然粮食收入占总收入比重的迅速下降，但经营规模与粮食收入占比成正比的关系依然明显。总体来看，随着经营规模的扩大，农户依赖粮食维持生计的可能性就越大，当经营规模超过 2 公顷时，粮食收入占总收入的比重就已经超过 50%。尤其是 2004 年以来，在国家各项支农惠农强农富农政策扶持下，受粮食比较收益下降影响的粮农情绪有所恢复，中国粮食生产获得稳定发展，粮食生产的专业化程度逐渐提高，与此同时，粮食收入持续增加。但是，由于非农业收入的同步快速增加，使粮食收入占农民总收入的比重仍在下降，粮食种植比较收益持续偏低。

表 3.10　1986—2015 年中国不同规模农户粮食收入占总收入比重变动（%）

类　型	1986 年	1990 年	1995 年	2000 年	2005 年	2010 年	2015 年
第 1 类	22.05	22.05	22.82	15.56	13.68	13.00	5.5
第 2 类	37.09	33.27	35.71	25.08	20.96	18.39	11.5
第 3 类	46.07	40.78	42.96	37.18	28.06	23.92	16.5
第 4 类	52.91	48.31	50.67	41.52	37.08	35.47	24.1

（续表）

类　型	1986 年	1990 年	1995 年	2000 年	2005 年	2010 年	2015 年
第 5 类	64.19	52.13	52.72	61.72	80.73	50.25	29.9
第 6 类	61.99	56.31	57.37	50.52	41.55	45.80	34.8
第 7 类	62.68	59.45	56.45	50.48	47.83	48.86	37.7
第 8 类	62.58	57.75	57.37	57.62	49.25	48.65	40.4
第 9 类	61.70	54.95	67.46	86.07	57.02	60.96	53.1
第 10 类	63.89	44.09	79.71	82.98	79.57	69.22	58.0
第 11 类	76.82	56.19	94.15	85.96	83.31	70.46	57.2
平　均	40.39	34.85	36.68	29.08	25.62	23.41	15.1

数据来源：根据农业部农村固定观察点农户数据计算整理

3. 中部、东北地区粮食收入占比相对较高，且随规模变化明显；东部地区占比最低，且变化不显著

分区域来看，2015 年西部地区粮食收入占家庭总收入的比重随着经营规模扩大而提高的趋势不十分明显，即使经营规模扩大到 2 公顷以上，这一比重也多维持在 25%左右；东部和中部粮食收入占家庭总收入的比重随着经营规模扩大而有所增长，2015 年当经营规模超过 1.5 公顷时，这一比重接近 50%；东北地区粮食收入占家庭总收入的比重随着经营规模扩大而增长的趋势最为明显，当经营规模超过 1.75 公顷时，这一比重便接近 50%，超过 10 公顷时便接近 70%。结果表明，随着农户经营规模的扩大，粮食收入占其家庭总收入的比重会明显上升，农户家庭经营存在着一定的规模效应，但是东部地区经济比较发达，种粮的机会成本较高，导致这一趋势相对并不显著。另外，随着经济社会发展，不同区域的各类型农户粮食收入占总收入比重下降趋势均比较明显（表 3.11）。

表 3.11　1986 年和 2015 年中国不同规模农户粮食收入占总收入比重变动（%）

类　型	东部		中部		西部		东北		平均	
	2015 年	1986 年	2015 年	1986 年	2015 年	1986 年	2015 年	1986 年	2015 年	1986 年
第 1 类	5.7	14.2	6.6	22.4	4.5	27.4	4.3	11.9	5.5	18.8
第 2 类	11.4	31.3	14.5	36.6	9.0	38.0	15.2	35.7	11.5	35.3
第 3 类	13.8	42.1	20.0	43.7	12.9	48.9	23.6	43.3	16.5	44.6
第 4 类	14.5	41.3	23.9	53.3	17.7	47.5	37.8	59.5	24.1	51.3
第 5 类	20.3	40.6	30.3	59.9	20.1	45.6	40.3	67.5	29.9	62.0

（续表）

类　型	东部		中部		西部		东北		平均	
	2015 年	1986 年	2015 年	1986 年	2015 年	1986 年	2015 年	1986 年	2015 年	1986 年
第 6 类	28.1	36.7	31.2	61.1	24.1	48.5	44.0	69.6	34.8	59.7
第 7 类	31.4	35.9	33.8	60.8	24.3	45.7	47.3	72.3	37.7	60.1
第 8 类	43.2	45.1	36.7	63.4	15.5	51.7	53.0	69.0	40.5	61.3
第 9 类	44.8	45.7	53.6	66.8	19.5	50.9	60.7	62.2	53.1	58.7
第 10 类	58.3	—	63.1	—	25.5	40.2	62.1	66.9	58.0	62.1
第 11 类	—	—	30.7	—	—	—	69.0	76.8	57.2	76.8
平均	9.4	26.7	13.0	32.5	9.9	40.3	38.2	50.7	15.1	37.5

数据来源：根据农业部农村固定观察点农户数据计算整理

4. 农业补贴政策对小规模农户增收的影响并不显著，年末经营面积超过 1.5 公顷的农户粮食收入水平增长速度明显快于全国平均水平

在扣除物价水平后，1986—2015 年农户粮食收入水平年均增长 1.7%，但不同规模农户差异较大。结果显示，第 1~4 类农户粮食收入水平增长速度明显低于全国平均水平，即年末经营面积在 1 公顷内的农户粮食收入水平增长速度都相对较慢，但是在年末经营面积超过 1.5 公顷的农户粮食收入水平增长速度明显快于全国平均水平，尤其是在进入 21 世纪以后。总体来看，第 9、10、11 类农户粮食收入增长速度最快，均超过 3%，进入 21 世纪所采取的农业补贴政策等更多地增加了规模农户的收入，但对于规模较小的农户而言，粮食收入的增长并不突出。另外，可以看出在 1995 年时粮食收入水平上升到一个新高度，但到了 2000 年粮食实际收入水平不增反降。在 20 世纪 90 年代初期，中国粮食市场化改革进程加快，1993 年粮食收购和销售价格都取消了管制（林毅夫，1998），随后粮食市场价格出现大幅上涨：1993 年增长 31%，1994 年增长 51%，1995 年增长 36%，因此中国粮食收入水平于 1995 年增加到一个新的水平。但是，粮价飙升刺激了农户种粮积极性，随后粮食连年大丰收，粮食市场出现供大于求局面，粮食开始下行。因此，2000 年不同规模农户粮食实际收入出现下滑。进入 21 世纪后，在国家一系列支农惠农强农政策支撑以及粮食最低收购价托底保护下，粮食市场价格出现恢复性上涨。党的十八大以来，随着农业补贴政策向新型农业经营主体的倾斜，2015 年小规模农户粮食收入略有下滑，增速也低于全国平均水平，但大规模农户粮食收入水平增长较快（表 3.12）。

表 3.12　1986—2015 年中国不同规模农户粮食收入水平变化　（元）

类　型	1986 年	1990 年	1995 年	2000 年	2005 年	2010 年	2015 年
第 1 类	236.04	262.13	456.46	251.84	293.21	393.63	305.69
第 2 类	591.43	584.77	876.96	503.04	644.76	904.73	812.11
第 3 类	897.12	873.41	1 185.91	737.23	907.16	1 337.54	1 284.00
第 4 类	1 164.34	1 094.91	1 494.98	968.78	1 181.21	1 828.44	1 755.09
第 5 类	1 347.84	1 249.1	1 514.74	1 056.31	1 417.24	2 244.95	2 522.61
第 6 类	1 524.15	1 347.79	1 759.01	1 002.1	1 495.57	2 381.68	2 768.75
第 7 类	1 662.85	1 373.58	1 833.36	1 071.3	1 778.9	2 850.96	2 943.67
第 8 类	1 708.05	1 535.08	2 025.69	1 141.64	1 951.24	2 962.09	3 507.35
第 9 类	1 782.19	1 719.47	2 441.4	1 568.84	2 777.04	4 471.3	5 239.96
第 10 类	3 057.45	2 456.69	4 733.64	2 876.15	4 468.87	6 960.29	8 514.20
第 11 类	3 819.55	3 355.5	7 195.84	9 083.83	9 330.52	10 060.5	11 721.83
平　均	754.71	663.02	965.12	568.67	770.99	1 161.84	1 234.73

数据来源：根据全国农村固定观察点农户数据计算整理

注：以 1986 年为基期扣除物价影响

5. 农户家庭总收入增长幅度明显高于粮食收入增长幅度

农户家庭总收入水平的变化与粮食收入水平的变化趋势基本一致，但家庭总收入增长幅度明显高于粮食收入增长幅度。全国来看，1986—2015 年，全国粮食收入年均增长 1.7%。其中，随着农户经营规模的扩大，粮食收入年均增长速度有加快趋势，当年末经营耕地面积超过 2 公顷后，粮食收入的年均增长率超过 3%。同期，家庭总收入年均增长 5.2%，比粮食收入增长率高出 3.4 个百分点。当年初经营面积低于 1 公顷时，家庭总收入年均增长速度较高，均超过 5%，之后随着经营规模的扩大，家庭总收入年均增长速度有降低趋势。

第四节　本章小结

基于人多地少的基本国情，中国农业生产根本特征是以家庭为基本单元的小农经营模式，且多数农户经营规模小于 2 公顷。为较好地反映改革开放以来中国农户经营规模变化以及农户家庭经营的特征，本章采用全国农村固定观察点的长期农户监测数据，以年末实际经营耕地面积为核心指标，系统分析了中国小农户发展的阶段性特征，得出以下主要结论。

1. 农户家庭特征随农户经营规模的扩大呈规律性变化

根据全国农村固定观察点数据测算，自 2003 年以来，在中国农村地区，男性户主比例占绝对优势，且随经营规模扩大有增加趋势，不同区域间略有差异。结果表明，在农户家庭规模较小的背景下，男性劳动力外出务工的可能性更大一些，农业生产主要由女性经营，女性户主比例相对较高。东北男性户主比重随着经营规模扩大而增加趋势更为明显。户主年龄、户主受教育水平等指标的动态变化也较为明显。据统计，2015 年户主年龄达到 56. 9 岁，比 2003 年高 7. 2 岁，区域差异较为明显，东部和中部地区均达到 58. 3 岁，比最低的东北地区高出 4. 1 岁。农户经营规模与户主年龄之间存在明显的反向关系，随着经营规模的扩大，户主年龄有下降趋势，2015 年第 1 类农户户主平均年龄约为 55. 5 岁，但在第 10 类农户中，平均户主年龄约为 49. 6 岁。随着经营规模的逐步扩大，家庭劳动力外出务工的可能性下降，农业经营成为户主的主业，加上国家对种养大户等新型农业经营主体的扶持，大规模经营农户户主相对年轻。女性户主受教育水平普遍高于男性户主，主要因为在传统的农村家庭，女性要想成为户主需要冲破观念等更多的限制。随着农户经营规模的扩大，户主受教育程度缓慢提高，农户规模化经营需要人才的支撑。

2. 农户经营规模变化呈现新特点

进入 21 世纪后，农户户均经营耕地面积结束了之前持续减少的趋势，呈现明显增长，由 2000 年的 0. 555 公顷增加至 2015 年的 0. 642 公顷，但不同区域差异较大，东部、中部和东北地区显著增长，西部地区受退耕还林政策影响，略有下降。1986—2015 年，中国小规模农户和大规模农户数量不断增长，中间规模农户数量持续减少。表明中国小农户经营规模正向两个极端方向发展，一方面经营面积低于 0. 25 公顷和大于 1. 25 公顷的农户数量都在增加，这一趋势在中部地区最为明显，另一方面，经营面积位于 0. 25 公顷和 1. 25 公顷之间的农户数量总体在减少。分区域来看，西部和中部地区第 1 类农户所占比重增长较快，分别增长 17. 7 和 19 个百分点，东部地区增长 9. 5 个百分点。东北地区是唯一出现占比下降的地区，第 1 类农户所占比重下降了 2 个百分点。东部地区虽然第 1 类农户占比增长显著，但其他各类农户占比以下降为主，东部地区人口密度大，务农机会成本高，兼业农户较多，务农更多地为了满足自身需求。中部、西部地区第 1 类农户占比增幅最大，但是其他各类农户占比也以下降为主。东北地区前 8 类农户占比均有不同程度减少，但是从第 7 类开始，农户占比出现不同程度增长。伴随着 21 世纪以来农户经营规模的扩大，耕地细碎化程度有所改善，但是仍有约 80% 的地块面积小于 3 亩，农地细碎化仍是农业规模化经营面临的一个重要挑战。

3. 农户收入结构与经营规模之间存在显著关系

在 1986—2015 年，农户粮食收入占家庭总收入的比重持续下降，由最初的 40. 4%下降到 15. 1%，尤其是在 1995 年后下降速度明显加快。同时，农户经营规模与粮食收入占比成正比的关系显著。据统计，1986 年，第 1 类农户粮食收入占家庭总收入的比重仅为 22. 1%，但是到了第 11 类农户，这一比例达到了 76. 8%，2015 年这一变化趋势仍然明显。结果表明，随着经营规模的扩大，农户依赖粮食维持生计的可能性就越大，当经营规模超过 2 公顷时，粮食收入占总收入的比重就已经超过 50%。分区域来看，东部和中部粮食收入占家庭总收入的比重随着经营规模扩大而有所增长，据测算，2015 年当经营规模超过 1. 5 公顷时，这一比重接近 50%；东北地区粮食收入占家庭总收入的比重随着经营规模扩大而增长的趋势最为明显，到经营规模超过 1. 75 公顷时，这一比重便接近 50%，超过 10 公顷时便接近 70%。在东北地区，粮食收入占家庭总收入的比重一直维持在较高水平，尤其是 2000 年达到 61. 8%，进入 21 世纪以来有所下降，但 2015 年时仍为 38. 2%。

4. 耕地经营面积超过 1. 5 公顷的农户粮食收入水平增长速度明显快于全国平均水平

研究表明，1986—2015 年，不同规模农户粮食收入水平年均增长差异较大，第 1~4 类农户粮食收入水平增长速度明显低于全国平均水平，即年末经营面积在 1 公顷内的农户粮食收入水平增长都相对较慢，但是在年末经营面积超过 1. 5 公顷的农户粮食收入水平增长速度明显快于全国平均水平，尤其是在进入新世纪以后更为明显。相对而言，大规模农户拥有足够的耕地维持生计，并能够得到更多的政策补贴，在市场交易中也拥有更多的话语权。

第四章　中国小农户单要素生产率变化

中国是一个典型的人多地少、农村劳动力充裕的发展中大国。20 世纪 80 年代以来，随着以家庭承包经营为主要内容的农村改革，农户成为资源配置决策和生产经营的微观主体，并表现出远超生产队时期的生产力，农业生产效率大幅度提高。计算农业生产效率的指标较多，既有单一要素指标（如农业劳动生产率、土地生产率、资金生产率等），又有综合要素指标，即全要素生产率。尽管指标体系不尽相同，但反映的农业生产效率的趋势基本是一致的。本章重点考察 1986 年以来小农户的土地生产率和农村劳动生产率变化，至于综合要素生产率，即全要素生产率变化在下一章再作介绍。关于粮食的概念采用国内的定义，包括谷物、豆类和薯类。

第一节　农业劳动生产率变化

在测算之前，首先要对农业劳动力和家庭劳动力的概念进行说明。根据全国农村固定观察点农户调查制度的指标解释，家庭劳动力指年末家庭男年满 16 周岁至 60 周岁、女年满 16 周岁至 55 周岁，有劳动能力的常住人口总数。在 2003 年之前，即 1986 年至 2002 年期间，农户调查问卷中缺少家庭各成员的详细信息，仅有“家庭劳动力”和“农村劳动力”两个指标；但是，自 2003 年起，农户调查问卷增加了“家庭成员的构成及就业情况”表格，对家庭各成员的详细信息进行了调查，家庭劳动力和农业劳动力两个指标是通过计算所得。因此，我们在测算农业劳动生产率时所使用的家庭劳动力和农业劳动力在前后概念上略有差别，但并不影响我们对趋势的判断。在 1986 年、1990 年、1995 年和 2000 年所用到的家庭劳动力和农业劳动力数据均来自问卷中的“家庭劳动力”和“农村劳动力”这两个指标，但对于 2005 年、2010 年和 2015 年的指标，测算方法如下：按照前面家庭劳动力的定义以及中国农村的实际情况，每个家庭中年龄在 16~60 周岁男性、16~55 周岁女性算一个整劳动力，7~15 周岁男性、7~15 周岁女性、60 周岁以上男性或 55 周岁以上女性均算半个劳动力，加总得出农户家庭劳动力数量；农业劳动力的计算除了考虑家庭劳动力的年龄因素外，还增加了在家居住时间超过180天（即6个月）和主要从事行业为农林牧渔业两个条件。相对来讲，后面计算得出的结果更为科学、合理，避免了因为各地填表人员对劳动力概念理解差异可能带来的统计误差。

结果显示，21世纪以来，尤其是2005年以来中国户均家庭劳动力和农业劳动力数量均呈明显下降趋势。2015年户均农业劳动力人数仅为1.31人，比2005年减少0.32人；户均家庭劳动力为3.01人，比2005年减少0.16人。这意味着在广大农村地区，从事农业的家庭劳动力在逐渐向非农产业部门转移，虽然近年来农业补贴政策力度加大，但户均农业劳动力仍呈减少趋势。如图4.1所示，由于采用的统计指标有所差别，导致2000年前后结构发生较大变化。在我们计算了2003年的家庭劳动力和农业劳动力数量后，21世纪以来的劳动力变化趋势也更为明显。同时，2010年每户家庭中开始有超过一半的劳动力外出务工，而在2003年外出务工比例约为40%，大部分家庭劳动力还是以务农为主，国家统计局公布的数据也客观印证了这一结论。据国家统计局数据显示，2012年全国农民工总量达到2.63亿人，近年来保持增长势头，2016年达到2.82亿人。

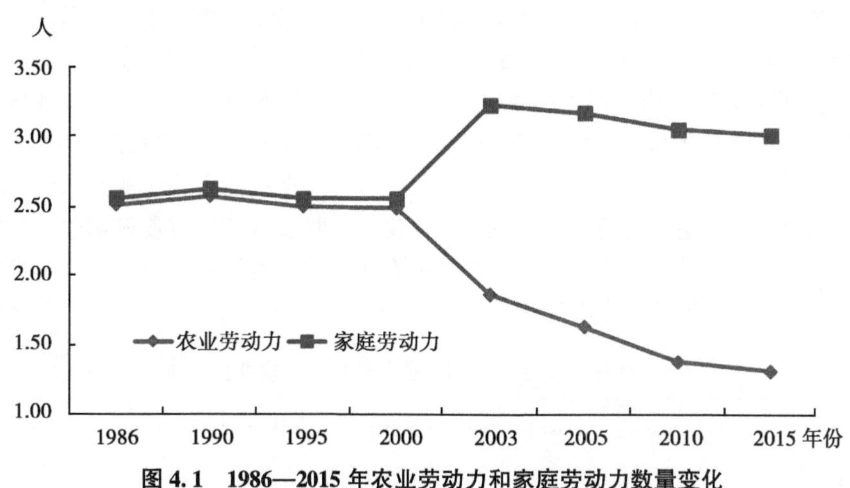

图4.1　1986—2015年农业劳动力和家庭劳动力数量变化

农业劳动力人均粮食产量区域差异显著。结果显示，东北地区农业劳动力人均粮食产量一直最高，东部、中部地区相差不大，西部地区最低。1986—2015年，中国农业劳动力人均粮食产量迅速增长，年均增长幅度为4.2%。其中，东北地区增长最快，年均增幅达5.6%，其次是东部地区，为

4.2%，中部地区为3.9%，西部地区为2.0%。东北地区是中国重要的商品粮和农牧业生产基地，也是农业资源禀赋最好、粮食增产潜力最大的地区，土壤肥沃、农业机械化程度较高，农业劳动力人均粮食产量也一直居全国首位（表4.1）。

表4.1　1986—2015年中国农业劳动力人均粮食产量　（千克）

区　域	1986年	1990年	1995年	2000年	2005年	2010年	2015年	年均增长率（%）
东部	803.38	911.3	763.06	696.34	1 470.72	1 922.15	2 617.05	4.2
中部	983.02	1 131.07	950.11	849.39	1 620.35	2 233.11	2 942.88	3.9
西部	947.96	1 093.31	937	867.84	1 395.98	1 748.68	1 663.86	2.0
东北	1 809.66	2 381.12	2 626	2 119.69	3 535	4 802.61	8 680.91	5.6
全国平均	1 077.75	1 189.8	1 136	998.53	1 832.88	2 474.16	3 544.06	4.1

数据来源：根据全国农村固定观察点农户数据计算整理

农业劳动力的人均农业经营收入增速快于人均粮食收入增速。由于粮食比较收益持续减少，农民种植粮食积极性不断下降，因此，在衡量农业劳动生产率时，又计算了农业劳动力的人均农业经营收入，以求更为客观地衡量农业劳动生产率的变化。结果显示，在扣除物价影响后，1986—2015年，中国农业劳动力人均农业经营收入增长速度快于人均粮食收入增长，年均增长率达到4.0%，而人均粮食收入年均增速仅为1.6%。分区域来看，东部、中部地区增长最快，东北地区与全国平均水平相同，西部地区增长最慢。虽然东部、中部地区农业劳动力人均粮食产量增长相对较慢，但是他们的人均农业经营收入增速却相对较高，主要得益于他们在经济作物、畜牧业及其他农业领域收入的快速增加。但是，从绝对值来看，东北地区农业劳动力的人均农业经营收入全国最高，西部地区最低，东部和中部地区处于中间水平（表4.2）。

表4.2　1986—2015年中国农业劳动力人均农业经营收入　（元、%）

区　域	1986年	1990年	1995年	2000年	2005年	2010年	2015年	年均增长率（%）
东部	477.72	517.48	751.58	593.44	1 252.88	1 850.36	1 672.03	4.4
中部	461.08	489.02	635.54	429.5	818.47	1 796.51	1 466.40	4.1
西部	462.27	510	724.34	508.09	1 045.45	1 197.05	1 407.75	3.9
东北	770.58	775.42	1 033.87	775.3	1 232.84	1 888.14	2 390.15	4.0
全国平均	525.13	536.4	754.55	551.41	1 066.4	1 641.76	1 653.95	4.0

数据来源：根据全国农村固定观察点农户数据计算整理

注：以1986年为基期扣除物价影响

在考虑到农户经营规模后，我们发现农业劳动力人均粮食产量和人均农业经营收入与农户规模存在显著的正相关关系，相关系数分别为0.52和0.03，均在1%的水平上具有显著性。结果表明，农业劳动生产率的提高是以农地的适度规模经营为前提的，只有提高农户经营规模，才能真正提高农业劳动生产率。这个结果也意味着，以提高农民收入为目标的政策必须要着眼于提高农地规模，只有这样才能提高农业劳动生产率，增加农业经营收入，进而增加农民收入，这也是目前中国推进新型城镇化和培育新型农业经营主体的出发点（表4.3）。

表4.3　1986年和2015年中国劳均粮食产量和劳均农业收入

类　型	农业劳均粮食产量（千克）			农业劳均农业经营收入（元）		
	1986年	2015年	年均增长（%）	1986年	2015年	年均增长（%）
第1类	483.80	1 101.30	2.9	341.61	1 054.72	4.0
第2类	938.98	2 345.03	3.2	469.22	1 477.50	4.0
第3类	1 232.31	3 659.66	3.8	578.55	1 991.58	4.4
第4类	1 582.23	4 405.65	3.6	681.33	1 976.39	3.7
第5类	1 780.00	6 062.15	4.3	731.3	2 534.62	4.4
第6类	2 104.47	6 110.90	3.7	821.69	2 208.87	3.5
第7类	2 114.39	7 139.05	4.3	859.87	2 654.84	4.0
第8类	2 201.35	7 456.84	4.3	896.85	2 667.08	3.8
第9类	2 159.33	12 699.49	6.3	1 048.31	3 171.66	3.9
第10类	2 903.59	20 662.83	7.0	1 531.49	5 651.79	4.6
全　国	1 103.46	3 544.06	4.1	536.89	1 653.95	4.0

数据来源：根据全国农村固定观察点农户数据计算整理

注：以1986年为基期扣除物价影响

第二节　土地生产率的区域差异

在全国农村固定观察点的数据系统中，关于粮食生产的指标，在1991年及以前的调查仅有粮食产量和粮食播种面积两个指标，但是，1994年后农户调查问卷进行了细化调整，粮食作物细化为各品种，包括小麦、水稻、玉米和大豆4类，包括其各自的产量和播种面积指标。到了2003年，粮食作物又细化为小麦、稻谷、玉米、大豆、薯类和其他6类，并延续至今。由于自2003年后，调查缺少了粮食总播种面积和粮食产量指标，故在计算粮食单产的时候，首先采用国家统计局的做法，将薯类按5千克鲜薯折1千克粮食计算，加上其他各品种产量得出粮食总产量，再将各品种播种面积加总得到粮食播种面积，最后计算得出粮食单产。结果表明，1986—2015年，全国粮食单产水平在波动不断增长，年均递增1.4%，低于国家统计局统计的粮食单产年均增长率（1.53%）。其中，东北地区粮食单产水平增长相对较快，年均增长1.8%；中部地区年均增长1.5%，东部和西部地区年均增长幅度相同，均为1.2%。1986年，东部地区粮食单产水平最高，达到4 592.2千克/公顷，西部地区粮食单产水平最低，仅为3 727.45千克/公顷，东北和中部地区粮食单产水平分别是4 132.31千克/公顷和4 032.88千克/公顷；2015年东北地区粮食单产水平最高，达到6 957.11千克/公顷，西部地区仍然最低，为5 376.29千克/公顷（表4.4）。

表4.4　1986—2015年中国不同区域粮食单产水平　（千克/公顷）

区　域	1986年	1990年	1995年	2000年	2005年	2010年	2015年	年均增长率（%）
全　国	4 134.81	4 732.90	4 798.37	4 951.48	5 231.96	5 512.44	6 101.61	1.4
东中西	4 135.35	4 694.53	4 771.99	5 002.04	5 246.65	5 491.25	5 965.71	1.3
东　部	4 592.20	5 042.32	5 152.37	5 424.68	5 792.78	6 160.88	6 487.71	1.2
中　部	4 032.88	4 688.07	4 688.38	4 874.43	5 200.48	5 526.53	6 236.09	1.5
西　部	3 727.45	4 318.69	4 476.65	4 757.17	4 875.47	4 993.77	5 376.29	1.3
东　北	4 132.31	5 046.18	4 953.65	4 663.97	5 143.67	5 623.37	6 957.11	1.8

数据来源：根据全国农村固定观察点农户数据计算整理

若考虑农户经营规模，粮食单产水平与农户经营规模之间相关关系变化明显，由反向转为正向。1986年，在第1~10类农户中，随着经营规模的扩大，全国粮食单产水平稳步下降。2015年时，粮食单产水平与农户经营规模地存在着显著正向关系，相关系数达到0.1076，具有较高的显著性水平（0.01），即随着经营规模的扩大，粮食单产水平呈上升趋势。在第11类农户中，粮食单产水平较前面农户明显回升，考虑到第11类农户数量较少，所表现出来的水平波动较大，且1986年该类农户主要集中在东北地区，2015年时中西部地区也有少量出现，导致该类农户代表性较差，故剔除。结果表明，1986—2015年，粮食单产水平与农户经营规模之间的关系正在发生明显变化，由最初的反向关系显著转变为正向关系显著，表明中国农业规模化经营的成效初显，尤其在新型农业经营主体迅速发展背景下，带动了农业科技应用、良种良法配套推广等，农户规模化经营的优势正在逐步显现（图4.2）。

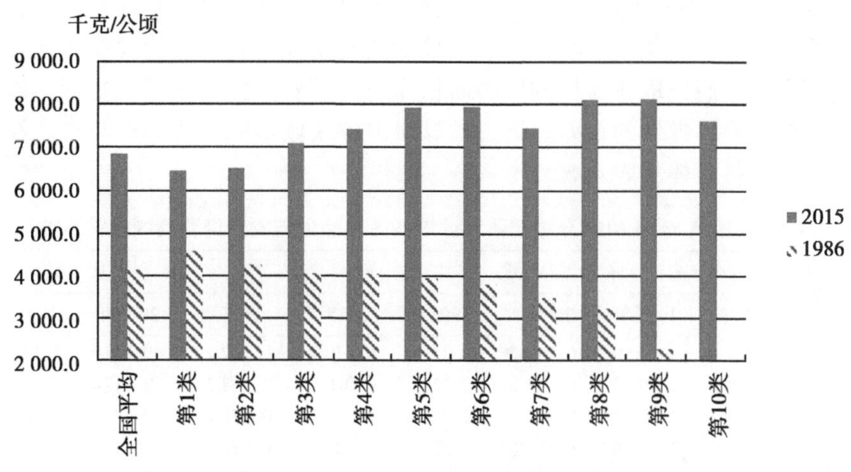

图 4.2　1986 年和 2015 年中国不同规模粮食单产水平对比

根据测算，粮食单产与经营规模之间关系的转折发生在“十二五”期间，即 2010 年后，究其原因，主要包括：一是新型农业经营主体的发展。中国于 2012 年党的十八大报告中第一次提出“新型农业经营体系”的概念后，在政策扶持等因素作用下，中国家庭农场等新型农业经营主体发展迅速，农地规模化优势凸显；二是农业科技进步的影响。21 世纪以来，农业科技进步对农业的贡献持续上升，2017 年已达到 56%。其中，农业机械化、育种科技进步等劳动力节约型技术进步对推动粮食规模化经营奠定了良好基础，成为两者关系转变的重要决定因素；三是粮食生产的比较收益持续偏低。正是由于这个原因的存在，农户种粮积极性不高，传统小农户粮食生产的优势逐渐丧失，农地规模化经营的相对优势逐渐显现。

粮食单产与经营规模关系的区域化差异明显：东西部关系不明显，中部地区正向关系显著，东北地区反向关系显著。分区域来看，1986—2015 年各区域粮食单产均大幅增加，平均增长幅度均超过 40%。在东部地区，粮食单产水平平均增长 41.2%，尤其是经营耕地超过 1.25 公顷的农户粮食单产水平增长迅速，粮食单产水平与农户经营规模之间存在一种近似正向的波动，相关系数为 0.020 2，但并不显著；中部地区粮食单产与农户经营规模的关系明显正相关，相关系数为 0.047 6，单产水平最高的出现在第 9 类农户中，最低的出现在第 1 类农户；但在西部地区，粮食单产与农户经营规模之间正向关系不显著，相关系数为 0.025 9；在东北地区，第 3~6 类农户粮食单产水平较高，第 10 类农户粮食单产水平最低，粮食单产与经营规模的相关系

数达 -0.048 6，反向关系显著，近年来东北地区玉米播种面积增长较快，导致水稻的显著正向关系发生变化。在粮食主要品种与农户经营规模相互关系的测算中，我们选取各品种的播种面积作为衡量农户经营规模的指标，以避免经营结构差异导致的误差。通过计算得出各区域不同品种单产与农户经营规模的关系，具体见表 4. 5。

表 4. 5　1995 年和 2015 年中国不同区域各主要品种与农户经营规模相关系数

区　域	小　麦		水　稻		玉　米		大　豆	
	2015 年	1995 年	2015 年	1995 年	2015 年	1995 年	2015 年	1995 年
全国	-0. 030 8	-0. 030 0*	-0. 044 2*	-0. 253 1*	0. 079 2*	0. 152 5*	-0. 021 9	0. 009 2
东部	-0. 006 2	-0. 190 8*	0. 001 8	-0. 220 5*	0. 016 9	-0. 068 5*	0. 112 8*	-0. 277 8*
中部	0. 054 3	0. 148 7*	-0. 241 2*	-0. 271 8*	0. 093 2*	0. 150 6*	-0. 085 9	-0. 234 1*
西部	-0. 1353*	-0. 070 9*	-0. 377 0*	-0. 375 9*	-0. 133 5*	0. 078 9*	-0. 113 2*	-0. 186 6*
东北	-0. 091	0. 143 8*	0. 057 1	0. 103 2*	0. 106 4*	-0. 027 3	-0. 304 2*	0. 037 6

数据来源：根据全国农村固定观察点农户数据计算整理

注："*"表示在 1%的水平上具有显著性

1. 小麦：东部地区单产水平最高，中部次之，西部最低；单产水平与农户经营规模反向关系由显著转为不显著

由于 1994 年后才有分品种的详细数据，我们对各品种单产水平的计算主要包括 1995 年、2000 年、2005 年、2010 年和 2015 年。在 1995—2015 年，中国小麦单产水平稳步提高，2015 年时增加到 5 596. 92千克/公顷，比 1995 年增长 49. 1%，年均增长 2. 0%。分区域来看，东部地区小麦单产水平最高，中部地区也高于全国平均水平，西部地区最低。此外，主产区小麦单产水平也明显高于全国平均水平。中国小麦主产省为河北、河南、山东和安徽等省，其中河北、山东位于东部，安徽和河南位于中部地区，4 省小麦单产水平都高于全国平均水平。近年来，东北地区小麦生产逐渐被玉米代替，全国农村固定观察点的样本中，东北地区仅几户种植小麦，小麦单产水平不稳定，缺乏代表性（表 4. 6）。

表 4. 6　1995—2015 年中国小麦单产水平变化　　（千克/公顷）

区　域	1995 年	2000 年	2005 年	2010 年	2015 年
全　国	3 753. 83	3 889. 85	4 548. 90	5 099. 35	5 596. 92
主产省①	3 905. 78	4 037. 56	4 884. 85	5 571. 29	6 131. 29

① 指粮食主产省，包括吉林、辽宁、黑龙江、内蒙古、河北、山东、河南、江西、湖南、湖北、江苏、四川和安徽 13 个省（自治区），下同

（续表）

区　域	1995 年	2000 年	2005 年	2010 年	2015 年
东　部	4 439. 87	4 621. 61	5 378. 62	5 909. 92	6 440. 06
中　部	3 537. 00	3 897. 25	4 578. 11	5 474. 02	6 127. 13
西　部	3 530. 44	3 587. 52	4 100. 11	4 241. 24	4 362. 34

数据来源：根据全国农村固定观察点农户数据计算整理

1995—2015 年，全国小麦单产水平与农户经营规模之间关系由显著反向转为不显著，且区域差异较大。1995 年两者相关系数为-0. 030，且在 1%的水平上显著，2015 年两者关系仍呈反向，但是不再显著。分区域来看，东部和东北地区小麦单产与经营规模的关系保持反向关系，但均由显著转为不显著；中部地区由显著正向关系转为不显著；西部地区小麦单产与经营规模保持反向关系显著。整体来看，由于小麦比较收益偏低，且农业机械化水平较高，传统的反向关系正在发生改变。

2. 水稻：中部地区单产水平高于全国平均水平，西部地区最低；单产水平与农户经营规模存在显著反向关系

1995—2015 年，中国水稻单产水平稳步增长，2015 年增加到 7 171. 57 千克/公顷，比 1995 年增长 16. 0%，年均增长 0. 8%。分区域来看，中部地区水稻单产水平最高，东北地区和东部地区也高于全国平均水平，西部地区最低。此外，主产区水稻单产水平明显高于全国平均水平。中国水稻主产省为江西、湖南、湖北、江苏、四川、安徽、黑龙江等省份，其中，江西、安徽、湖北和湖南 4 省位于中部，江苏位于东部，四川位于西部，黑龙江位于东北。从年均增长率来看，东北增长最快，东部和中部次之，西部增长最慢。2015 年，江苏、江西等地遭受自然灾害等因素影响，造成早籼稻减产，但是由于总体单产水平的提高，确保了全年稻谷增产（表 4. 7）。

表 4. 7　1995—2015 年中国水稻单产水平变化　（千克/公顷）

区　域	1995 年	2000 年	2005 年	2010 年	2015 年
全　国	6 178. 57	6 426. 72	6 756. 83	6 974. 11	7 171. 57
主产省	6 423. 75	6 458. 92	6 798. 48	7 108. 20	7 551. 40
东　部	6 186. 70	6 392. 14	6 476. 95	6 916. 15	7 198. 15
中　部	6 136. 68	6 054. 55	6 435. 20	7 043. 95	7 257. 04
西　部	6 388. 29	6 852. 64	7 112. 84	7 121. 40	7 040. 16
东　北	5 712. 47	6 403. 49	7 098. 58	6 461. 89	7 334. 44

数据来源：根据全国农村固定观察点农户数据计算整理

从单产与规模关系来看，水稻单产与农户经营规模的反向关系保持显著，2015 年相关系数为 -0.044 2。分区域来看，中西部地区两者关系保持反向显著，东北地区则保持正向关系，东部地区由反向关系显著转为正向关系不显著。目前，虽然中国水稻生产机械化水平不断提高，但是小农户在水稻生产方面仍然具有一定的优势，2015 年东北部分粳稻产区遭遇倒春寒，影响了东北地区的两者关系。

3. 玉米：单产增加较快，东北地区单产水平最高，西部最低；单产与农户经营规模之间存在显著正向关系

1995—2015 年，中国玉米单产水平增长迅速，明显高于水稻单产增长幅度。2015 年全国玉米单产水平达 6 360.58 千克/公顷，比 1995 年增长 33.4%，年均增长 1.5%。分区域来看，东北地区玉米单产水平最高，2015 年达到 7 223.1千克/公顷，主要因为东北三省是中国重要的玉米主产地区，但年均增长速度最低，为 1.0%；东部地区玉米单产水平相对较高，略高于全国平均水平，年均增长 1.6%，西部地区玉米单产水平最低，但年均增长速度为 1.6%；中部地区玉米单产水平年均增长最快，达到 1.9%。2015 年主产省玉米单产水平达到 6 591.08千克/公顷，高于全国平均水平，年均增长 1.7%。中国玉米主产省区为黑龙江、吉林、辽宁、河北和内蒙古等，其中，东北三省均为玉米主产省，河北位于东部，内蒙古位于西部（表 4.8）。

表 4.8 1995—2015 年中国玉米单产水平变化 （千克/公顷）

区 域	1995 年	2000 年	2005 年	2010 年	2015 年
全 国	4 767.14	5 049.07	6 081.51	6 163.22	6 360.58
主产省	5 033.64	5 044.68	6 272.22	6 310.54	6 591.08
东 部	4 920.74	5 287.17	6 177.12	6 183.85	6 706.81
中 部	4 234.09	4 488.08	5 576.78	5 884.69	6 229.99
西 部	4 299.42	5 029.57	5 830.54	6 050.07	5 894.02
东 北	5 966.25	5 453.27	7 022.94	7 158.51	7 223.10

数据来源：根据全国农村固定观察点农户数据计算整理

玉米单产水平与农户经营规模之间存在显著地正向关系，随着玉米经营规模的扩大，玉米单产有增加趋势。分区域来看，1995 年东部地区玉米单产与经营规模显著反向，但是进入 2015 年后两者关系转为正向，且不再显著；东北地区由负向不显著转为显著正向关系，中部地区保持正向显著关系，西部地区则由正向显著关系转为反向显著。

4. 大豆：东部单产水平最高，西部最低；单产水平与农户经营规模之间关系不显著

1995—2015 年，中国大豆单产稳步增长，2010 年增加到 2 061. 92千克/公顷，比 1995 年增长 19. 7%，年均增长 1. 2%，2015 年略有下降。分区域来看，东部地区大豆单产水平也较高，2015 年为 2 403. 77千克/公顷，比 1995 年增长 29. 7%，年均增长 1. 3%；东北地区大豆单产维持在较高水平，年均增长 1. 2%；中西部地区大豆单产较低，西部年均增速仅 0. 4%。中国大豆生产主要集中在黑龙江、内蒙古、安徽、吉林等省区，东北是中国大豆的重要生产地，单产水平高于其他地区（表 4. 9）。

表 4. 9　1995—2015 年中国大豆单产水平变化　（千克/公顷）

区　域	1995 年	2000 年	2005 年	2010 年	2015 年
全　国	1 722. 98	1 813. 41	1 956. 08	2 061. 92	1 969. 37
主产省	1 818. 00	1 940. 61	2 069. 35	2 190. 66	2 290. 08
东　部	1 852. 82	1 959. 45	2 090. 63	2 186. 63	2 403. 77
中　部	1 595. 81	1 782. 61	1 730. 18	1 922. 67	1 962. 44
西　部	1 509. 96	1 504. 90	1 770. 91	1 895. 73	1 647. 39
东　北	1 873. 07	2 027. 43	2 293. 42	2 391. 49	2 394. 73

数据来源：根据全国农村固定观察点农户数据计算整理

从单产与规模关系来看，1995—2015 年大豆单产水平与农户经营规模之间关系不显著，但区域差异明显，东部地区两者关系由反向显著转为正向显著，西部地区保持显著反向关系，中部地区由显著反向关系转为不显著，东北地区由正向关系不显著转为反向关系显著。

第三节　本章小结

本章基于全国农村固定观察点数据，从单要素生产率的角度测算了现阶段中国小农的粮食生产效率，由于部分指标信息的不完全，研究对部分指标进行了重新计算，并得出了相应结论。结果显示，21 世纪以来中国农业劳动力和农村家庭劳动力数量均呈减少趋势，但减速略有下降，表现出对农业补贴政策的积极响应。主要结论如下。

1. 农业劳动力人均粮食产量迅速增长，但区域差异显著

1986—2015 年，中国农业劳动力人均粮食产量增长较快，年均增速达到

4.1%。由于粮食比较收益持续偏低，21 世纪以来农业劳动力呈减少趋势，但粮食产量受农业政策等因素影响快速增加，导致人均粮食产量增速较快。分区域来看，作为中国重要的商品粮和农牧业生产基地，东北地区增长最快，为5.6%。其次是东部地区，为4.2%，中部地区为3.9%，西部地区为2.0%。

2. 人均农业经营收入增速快于人均粮食收入增速

1986—2015 年，在扣除物价影响后，中国农业劳动力人均农业经营收入年均增长速度达到4.0%，远高于同期的人均粮食收入年均增速（1.6%）。在农业补贴政策支撑下，中国粮食产量连获丰收，但是在量增的同时，价格却出现下滑，尤其是在 2015 年粮价低迷，影响了粮食收入的增长。同期，在经济作物、畜牧业及其他农业领域增长带动下，人均农业经营收入却保持了较快增长，表明农户对粮食收入的依赖进一步下降。

3. 人均粮食产量、人均农业经营收入与农户规模均存在显著的正相关关系

测算结果表明，农业劳动生产率的提高是以农地的适度规模经营为前提的，只有提高农户经营规模，才能真正提高农业劳动生产率。这个结果也意味着，以提高农民收入为目标的政策必须要着眼于提高农地规模，只有这样才能提高农业劳动生产率，增加农业经营收入，进而增加农民收入，这也是目前中国推进新型城镇化和培育新型农业经营主体的出发点。

4. 粮食单产水平与农户经营规模之间相关关系变化明显，由显著反向转为显著正向

研究结果表明，1986—2015 年，粮食单产水平与农户经营规模之间的反向关系正在发生明显变化，由最初的反向关系显著转变为正向关系显著，表明中国农业规模化经营的成效初显，尤其在新型农业经营主体迅速发展背景下，带动了农业科技应用、良种良法配套推广等，农户规模化经营的优势正在逐步显现。其中，小麦的反向关系由显著转为不显著，随着小麦机械化水平的提高，小麦经营规模化的优势正在逐渐显现；小农户在水稻生产中仍具有优势，反向关系保持显著；受政策等因素刺激，玉米播种面积迅速增加，但存在显著的正向关系；大豆比较效益偏低，单产水平与农户经营规模之间的关系不显著。

21 世纪以来，中国粮食产量实现连增，为国民经济稳定发展提供了重要基础保障。受新型城镇化和工业化快速推进影响，今后一个时期，粮食生产的资源约束更加严峻，环境成本逐步凸显，提升粮食单产已成为确保国家粮

食安全的关键途径。研究表明，2016 年中国四大粮食作物单产水平与国际先进水平相比还有较大差距，水稻、小麦、玉米和大豆平均单产水平分别排在世界第 13、19、56 和 42 位，水稻、小麦、玉米和大豆平均单产分别是前 10 位国家平均水平的 84.9%、69.0%、31.0%和 52.5%，提升粮食单产水平仍有潜力。为确保国家谷物基本自给、口粮绝对安全，实现新时期国家粮食安全战略目标，必须深入挖掘科技潜力，推动农业科技整体水平的进步，既着眼于提高粮食单产数量，也要注重提升粮食品质，做到数量与品质并重，依靠科技创新实现粮食生产可持续发展。

第五章　不同粮食品种经营规模和生产效率比较分析

本章对小农户效率进行具体的测算，考察小农户进行农业生产的效率状况。自舒尔茨（1987）提出“发展中国家的家庭农业是有效率但贫穷”的假说后，越来越多的研究开始关注家庭农场有效率的原因及机理，并从制度变迁、自我剥削等方面给予解释。一般来讲，投入要素增加和要素生产率提高是农业产出增长的两个源泉。由于资源的有限性和稀缺性，使农业发展不可能依赖要素投入的无限扩张，农业产出的增加只能依赖要素生产率的不断提高。根据前文介绍，度量农业生产效率的指标既有单要素生产率等，也包括全要素生产率等。其中，单要素生产率主要是指通过对土地、劳动力等单个要素生产率的衡量来考察农业生产效率，全要素生产率则是总产出增长中扣除要素投入增加的部分。目前，对全要素生产率的研究更多集中在区域、省级等宏观或中观层面，也有学者从微观层面对农户进行了效率研究（李谷成等，2009；高梦滔等，2006；许庆，2013），但缺乏从规模和全国农户的视角进行详细分析。全国农村固定观察点的调查样本着重考虑对固定样本村和农户的跟踪观察，虽然在一些指标的绝对值上与全国平均水平有一定差距，但是它却在一定程度上较为准确地反映了村、户各方面情况的长期变化趋势。本章基于全国农村固定观察点的农户长期追踪数据，尤其包含了党的十八大以来的近年数据，从全要素生产率和技术效率的角度综合考察不同经营规模农户粮食生产效率情况，并从全国农户视角进一步考察不同品种、不同规模农户生产效率的关系。首先，运用随机前沿生产函数模型（SFA）测算不同规模农户在小麦、稻谷、玉米和大豆等四大粮食作物生产过程中的技术效率和全要素生产率。其次，考察不同规模农户不同粮食品种的技术效率和全要素生产率的时间变化趋势，并进行对比分析。

第一节　模型选择

本章内容以衡量小农户的全要素生产率和技术效率为主。在经过了多年的发展以后，中国小农户发展进入到一个新的阶段，考虑到各种因素对小农户行为及目标的综合影响，任何单一的效率指标难以衡量这一变化，因此，我们选取小农户全要素生产率来衡量小农户的综合效率，同时考察小农户的技术效率状况。全要素增长率是指一个企业、行业或地区，在一定时期内的总投入和总产出之比（顾海、孟令杰，2002），包含效率改善、规模效应、要素质量提高、专业化分工、组织创新和制度变迁等方面的内容（李谷成，2009）。对于全要素生产率的计算大都采用柯布·道格拉斯生产函数形式进行测算，主要在于该函数具有简洁、易于分解和经济含义明显等特点（Fan，1991；Lin，1992；Zhang and Carter，1997；乔榛等，2006；李谷成等，2009）。此外，目前已有许多学者采用该函数形式对中国农业增长进行了细致研究，取得了较好的研究效果（Fan，1991；Zhang and Carter，1997；Lin，1992；乔榛等，2006；李谷成等，2009；李谷成，2008）。Cobb-Douglas 生产函数形式主要为：

$$Y_i = A_0 e^{\eta t} K_i^{\alpha_k} L_i^{\alpha_l} M_i^{\alpha_m} \exp(\varepsilon_i) \qquad (5-1)$$

Y_i 表示农户 i 的产出水平，K_i、L_i、M_i 分别表示农户物质资本、劳动和土地投入，α_k、α_l、α_m 分别为各自的产出弹性，t 为时间趋势项，η 则经常被称为技术进步率，ε_i 表示随机扰动项。在对上式进行估计时，一般估计其自然对数化形式：

$$\ln Y_i = \ln A_0 + \eta t + \alpha_k \ln K_i + \alpha_l \ln L_i + \alpha_m \ln M_i + \varepsilon_i \qquad (5-2)$$

定义 $RTS = \alpha_k + \alpha_l + a_m$，对要素产出弹性系数进行正规化得：

$$\alpha_k^* = \alpha_k / RTS,\ \alpha_l^* = \alpha_l / RTS,\ \alpha_m^* = \alpha_m / RTS$$

则全要素生产率可以定义为：

$$TFP_i = Y_i / (K_i^{\alpha_k^*} L_i^{\alpha_l^*} M_i^{\alpha_m^*}) \qquad (5-3)$$

同时，采用计量经济学基础的随机前沿生产函数方法（Stochastic Frontier Approach，SFA）对农户技术效率进行估计（李谷成、冯中朝、范丽霞，2009），SFA 能够在实现对生产过程进行精确描述的同时，考虑随机误差对技术效率的干扰。

在式（5-1）的基础上，将随机扰动项 ε_i 表示为一复合扰动项 $\varepsilon_i = (\vartheta_i - u_i)$ 即可将平均生产函数转化为随机前沿生产函数，同时考察技术非效率与纯随机扰动项对农业产出的影响。

$$Y_i = A_0 e^{\eta t} K_i^{\alpha_k} L_i^{\alpha_L} M_i^{\alpha_M} \exp(\vartheta i - u_i) \qquad (5-4)$$

式（5-4）中误差项 $\varepsilon_i = (\vartheta_i - u_i)$ 为一复合误差项，由两个独立部分组成：ϑ_i 为经典白噪声项，主要包括测度误差及各种不可控随机因素，如气候等；u_i 是非负的，表征农户 i 的生产技术非效率项，且独立于纯随机误差 ϑ_i 。

在“一步法”估计中，将 u_i 设定为独立同分布并服从均值为 m_i 、方差为 σ_u^2 的非负断尾正态分布：

$$u_i \sim \mathrm{iidN}^+ \left(m_{i,}\ \sigma_u^2 \right)$$

$$m_i = C + \sum_j \delta_j \cdot X_{ij} + w_i \tag{5-5}$$

m_i 对应技术无效率函数，e^{-m_i} 则反映了农户 i 技术效率水平，m_i 越大表示技术无效程度越高，X_j 代表了决定农户技术效率水平的各外生性变量，δ_j 为对应待估参数，反映各外生性因素对技术效率的影响，w_i 为纯随机误差项，服从均值为 0、方差为 σ_W^2 的断尾正态分布，如 $w_i \geqslant -(C + \delta_j \cdot X_j)$，这可以确保 u_i 的非负性。

在此基础上可求解技术效率水平：

$$TE_i = \frac{E(Y_i \mid u_i,\ Z_{ij})}{E(Y_i \mid u_i = 0,\ Z_{ij})} = exp\ (-u_i) \tag{5-6}$$

Z_j 表示要素投入向量，如果 $u_i = 0$，则 $TE_i = 1$，该农户处于完全技术效率状态，生产点位于生产前沿面上；如果 $u_i > 0$，则 $0 < TE_i < 1$，这种状态为技术非效率状态，农户生产点位于生产前沿面下。从而求解出平均技术效率：

$$TE = \frac{1}{n} \sum_{i=1}^{n} TE_i \tag{5-7}$$

式中，n 为农户数量。

为测算不同品种全要素生产率和技术效率与农户经营规模的关系，并验证农户经营规模是否存在极值，基于（5-2）式构建以下模型，式中将播种面积的二次项和单次项分别作为解释变量，通过估计 α_8 和 α_9 的值来判断不同品种全要素生产率、技术效率与农户经营规模的关系：

$$\begin{aligned} \mathrm{Ln}\, Y_i = {} & \alpha_0 + \alpha_1 \mathrm{Ln}\, Capital_i + \alpha_2 \mathrm{Ln}\, Labor_i + \alpha_3 \mathrm{Ln} Education + \alpha_4 \mathrm{Ln} Age + \\ & \alpha_5 \mathrm{Ln} labor2 + \alpha_6 \mathrm{Ln} nonfarm + \alpha_7 \mathrm{Ln} Fragmentation + \\ & \alpha_8\, Area_i + \alpha_9\, Are\, a^2{}_i + \alpha_{10} Dummy + \varepsilon_i \end{aligned} \tag{5-8}$$

式中，Y_i 为全要素生产率或技术效率，*Capital* 为单位面积投入的物质费用，*Labor* 为单位投入工量，*Education* 为户主受教育程度，*Age* 为户主年龄，*labor2* 为家庭劳动力数量，*nonfarm* 为非农经营收入比重，*Fragmentation* 为耕地零散程度，*Area* 为播种面积，i 代表单个品种，即水稻、小麦、玉米或大豆。

第二节　样本数据说明

为模型运算需要，本章对农村固定观察点数据进行了进一步清理，剔除关键指标缺失的样本，得到2004—2015年全国30个省（市、区）约4.5万农户（不同年份的样本农户有调整）的有效信息。由于近年来，尤其是党的十八大以来，中国新型农业经营主体发展迅速，全国农村固定观察点对样本农户进行了部分调整，使样本能够更好地表示农业经营主体状况。从面板数据结构来看（表5.1），虽然样本农户的调整增加了面板数据测算难度，但也更能代表农业经营主体近几年来的变化特征，因此本章使用2004—2015年期间的非平衡面板数据进行测算。

表5.1　面板数据结构

频　数	百分比	累计百分比	类型（2004—2015年）
15 617	35.16	35.16	11
10 906	24.55	59.71	1111111111..
1 537	3.46	63.17	1
1 398	3.15	66.32	..........1.
1 277	2.87	69.19	1111111.....
1 211	2.73	71.92	1111111.1...
1 036	2.33	74.25	1...........
826	1.86	76.11	........11..
789	1.78	77.89	.111111111..
662	1.49	79.38	1.1.........
547	1.23	80.61	11111111.1..
539	1.21	81.82	111111111111
476	1.07	82.89	1111111.11..
442	1	83.89	...1111111..
403	0.91	84.8	.......111..
366	0.82	85.62	........1...
358	0.81	86.43	1.1111.111..
349	0.79	87.21	..1.........
240	0.54	87.75	11.1111111..
239	0.54	88.29	1.11........
5 201	11.71	100	（其他类型）
44 419	100		（“.”表示空缺；“1”表示有数）

注：作者基于全国农村固定观察点农户数据进行整理测算

第三节 指标筛选与数据处理

一、指标筛选

为了分析的可比性和数据的可获得性，以每个农户不同粮食作物单产作为被解释变量，以物质费用、投工数量、播种面积及农户家庭特征等指标为解释变量，并用农业生产资料价格指数对价值量指标进行处理。

1. 粮食作物单产水平

本研究旨在研究不同品种、不同规模的生产效率差异，因此以小麦、水稻、玉米和大豆等四大作物的单产水平作为被解释变量，能更好地反映出关于生产效率的对比情况。

2. 粮食作物生产的投入变量

资本、劳动力和耕地是农业生产的基本要素。自 2003 年起，全国农村固定观察点开始调研粮食作物详细的投入产出指标，其中总投入包括种子种苗费、农家肥折价、化肥费用、农膜费用、农药费用、水电及灌溉费用、畜力费、机械作业费、固定资产折旧及修理费、土地租赁、其他费用及投工量。为减轻多重共线性的影响，本文采用李谷成等（2009）的做法，将种子种苗费、农家肥折价、化肥费用等费用加总为物质费用，表示在作物直接生产过程中所消耗的各种农业生产资料的支出总和。对于劳动力投入量，用农户年内直接从事农业经营所投入的累计劳动日数表示，包括家庭成员劳动日数，雇请临时工、长工的劳动日数，单位为“标准劳动日”，即一个中等劳动力正常劳动 8 小时的投工量。耕地投入变量则采用农户年内相应作物播种面积表示，单位为“公顷”，这里考虑到了复种指数的影响，具有更好的解释性。

粮食生产的技术效率是指在粮食生产中，投入各种农业生产要素所得到的实际产出和理想产出的比值，反映了农业资源综合利用效率的高低。本部分采用技术效率模型来测算造成粮食生产中效率损失的各种因素，主要从家庭特征、非农经营收入、资源条件等方面选取合适指标进行研究。主要包括：一是农户家庭特征变量。对于农户家庭特征，本文主要考虑了家庭户主受教育程度、户主年龄和家庭劳动力数量。研究表明，在传统的农村家庭中，户主受教育程度对生产率、经济增长或收入增长都会有显著贡献，户主年龄往往影响家庭多元化经营、科技成果采用等。家庭劳动力是影响家庭农业生产的关键因素。本文侧重于考察其对农户全要素生产率的影响及预期作用；二是其他指标。理论研究表明，非农经营收入会影响农户对粮食作物生产的投入程度，进而影响到农业经营的全要素生产率，尽管关于耕地细碎化对农业生产效率的影响存在不同声音，但是农业规模化经营的发展将不可避免减少农户经营耕地的块数。此外，选取作物播种面积占耕地面积比重来表示该种作物在农户家庭生产中的重要程度（表 5. 2）。

表 5. 2　前沿生产函数投入产出变量

变　量	变量名	变量指标	单　位
被解释变量	Yield	作物单产水平	千克/公顷
解释变量	Labor	单位面积投工量	日/公顷
	Capital	单位面积物质费用	元/公顷
	Area	播种面积	公顷
技术无效率解释变量	Education	户主受教育程度	年
	Age	户主年龄	岁
	Labor2	家庭劳动力数量	人
	Nonfarm	非农经营收入比重	%
	Fragmentation	耕地零散程度	块
	Area_ ratio	播面占耕地面积比重	%

二、数据处理

在具体的模型运算中，被解释变量是单个粮食品种的单产水平，因此，为满足模型运算需要，作者对相关指标数据做了进一步处理。主要包括以下方面。

一是基于 5. 2 中提到的农户面板数据，在计算小麦、水稻、玉米和大豆的技术效率和全要素生产率时，分别剔除不生产该粮食作物的样本农户。同时，考虑到 2004 年以来各品种不同区域产量变化较大，本文并未仅选取粮食主产区农户进行效率测算，以更好考察全国农户生产效率变动趋势。

二是在具体测算过程中，进一步剔除了存在关键指标缺失、异常值以及前后逻辑不一致等问题的样本。最终得到的有效样本量为：小麦年均有效样本 4 900户，水稻年均有效样本 6 080户，玉米年均有效样本 8 250户，大豆年均有效样本 2 670户。

三是根据第三章结果，2004 年以来家庭经营规模大于 2 公顷的农户占比不超过 7%，因此在具体分类测算时将经营规模大于 2 公顷的农户划为一类，即本部分主要测算 9 类农户不同作物的生产效率差异。

四是在对投工量指标的处理过程中，为保证有效样本数量，将缺失值和异常值均用各省（市、区）平均单位面积用工数量代替。

五是以2004年为基期，物质费用指标用农业生产资料价格指数去除各年间的通货膨胀影响予以表示。

六是家庭劳动力数量指标的计算方法见第四章。

第四节　模型结果与结论

一、模型结果

利用STATA软件对随机前沿生产函数模型进行似然估计，得到结果如下（表5.3）。

表5.3　随机前沿生产函数模型模拟结果

函数类型	解释变量	小　麦	水　稻	玉　米	大　豆
随机前沿生产函数	LnCapital	0.832***	0.735***	0.759***	0.405***
		(0.00233)	(0.00219)	(0.00194)	(0.00375)
	LnLabor	0.00476***	0.0518***	0.00248***	0.373***
		(0.000905)	(0.00107)	(0.000597)	(0.00496)
	LnArea	-0.00124	-0.0199***	0.0434***	-0.0531***
		(0.00299)	(0.00235)	(0.00173)	(0.00277)
	t	0.0436***	0.0484***	0.0534***	0.0319***
		(0.00119)	(0.000970)	(0.00106)	(0.00156)
	Constant	2.907***	3.768***	4.461***	4.094***
		(0.0396)	(0.0372)	(0.170)	(0.0408)
技术效率影响函数	户主受教育程度	-1.21e-06	-5.60e-05***	-2.93e-06***	0.000581***
		(4.86e-06)	(3.18e-06)	(8.04e-07)	(6.09e-05)
	户主年龄	7.59e-06***	6.26e-07	3.24e-07	0.000117***
		(1.84e-06)	(1.27e-06)	(3.01e-07)	(2.38e-05)
	家庭劳动力数量	-1.17e-05	-1.47e-05***	6.03e-07	-9.86e-05
		(8.87e-06)	(5.50e-06)	(1.33e-06)	(1.00e-04)
	非农经营收入比重	0.000634***	-0.000323***	2.87e-05***	0.00130*
		(6.45e-05)	(3.96e-05)	(8.78e-06)	(0.000749)
	耕地零散化程度	-1.53e-06	-2.47e-06	2.07e-06***	5.40e-06
		(6.13e-06)	(2.38e-06)	(7.43e-07)	(5.12e-05)
	播种面积占比	1.10e-05***	3.29e-06***	-3.12e-07***	0.000141***
		(4.33e-07)	(1.48e-07)	(6.59e-08)	(5.18e-06)
	t	0.00858***	0.00665***	0.00504***	0.0120***
		(4.53e-06)	(2.85e-06)	(6.70e-07)	(5.30e-05)
	Constant	0.641***	0.675***	0.758***	0.416***
		(0.000119)	(7.67e-05)	(1.85e-05)	(0.00144)

(续表)

函数类型	解释变量	小 麦	水 稻	玉 米	大 豆
其他统计量	样本量	58 475	72 912	99 007	32 041
	样本户数	13 333	16 272	22 945	9 173
	R-squared	0.991	0.992	0.999	0.768

标注：* 代表10%的显著性水平，** 代表5%的显著性水平，*** 代表1%的显著性水平

数据来源：作者整理

不同作物品种的模型估计总体显著，且 gamma 值均大于 0.5，T 检验显著，表明模型合理，得出的结果有效。根据模型结果，前沿生产函数的绝大部分变量均在 $P=0.01$ 的水平下显著，效率影响函数的绝大多数变量在 $P=0.01$ 的水平下显著，表明户主受教育程度、户主年龄、家庭劳动力、非农经营比重、耕地零散化程度及播种面积占比等因素对作物生产效率均存在显著影响，但是不同品种的影响程度略有差异。主要表现在：一是各品种的物质费用投入和投工量的系数都是正值，对单产的贡献为正，且极其显著。但是播种面积对单产贡献在品种间差异较大，其中，水稻和大豆为负值，对单产的贡献显著为负，玉米播种面积的贡献则显著为正，而小麦贡献不显著；二是关于技术效率的影响结果，各品种差异更为明显。户主受教育程度对水稻和玉米有显著负向影响，对大豆则是显著正向影响，小麦影响则不显著；户主年龄对小麦和大豆有显著影响；家庭劳动力数量仅对水稻有显著负向影响；非农经营收入占比对小麦、玉米和大豆均有显著正向影响，但对水稻影响不显著；播种面积占比对四大品种均有显著影响，但对小麦、水稻和大豆是正向影响，对玉米是负向影响。耕地零散化程度仅对玉米有正向影响，且较为显著，分析其可能的原因是，近年来在国家政策支持下，玉米比较收益看好，许多中西部地区不断扩大种植面积，加上玉米品种较为耐旱，农户可以在一些比较小的地块上进行种植。

二、结论与讨论

根据模型结果，主要结论如下。

一是四大粮食作物全要素生产波动增长，但品种差异较大。2004—2015年，小麦、水稻、玉米和大豆的全要素生产率都呈波动增长趋势。具体为，小麦从 0.514 4 增长到 0.653，水稻从 0.553 6 增长到 0.649 7，玉米从 0.742 2增长到 0.806，大豆从 0.374 1增长到 0.49。21 世纪以来，中国农业国内支持政策在彻底取消农业税、农业特产税、牧业税、屠宰税的基础上，

加强了一般性公共服务，逐步建立和完善了以四项补贴（粮食直补、农资综合补贴、农机具购置补贴和良种补贴）为核心的强农惠农政策，先后出台了最低收购价制度（稻谷、小麦）和临时收储政策（玉米、大豆、油菜籽等重要农产品），形成了与中国加入 WTO 承诺和 WTO 规则保持一致的农业支持政策体系，有力推动了农业生产效率的提升（表 5.4）。

表 5.4　2004—2015 年四大粮食作物全要素生产率变化

年　份	小　麦	水　稻	玉　米	大　豆
2004	0.514 4	0.553 6	0.742 2	0.374 1
2005	0.598 2	0.596	0.752 9	0.416 1
2006	0.610 7	0.618 8	0.774 2	0.441 6
2007	0.607 7	0.614 3	0.773 2	0.421 5
2008	0.603 2	0.614 8	0.754 1	0.433
2009	0.647 7	0.638 9	0.786 9	0.462 2
2010	0.637	0.642	0.781 2	0.457 2
2011	0.629 4	0.616 5	0.764	0.410 8
2012	0.628 7	0.628 6	0.764 9	0.451 1
2013	0.634	0.630 4	0.770 6	0.451 7
2014	0.640 4	0.641 7	0.792 8	0.464 7
2015	0.653	0.649 7	0.806	0.49

注：作者整理

从不同品种来看，玉米全要素生产率最高，水稻和小麦次之，大豆最低。2004 年以来，中国玉米产量持续增加，并逐渐成为中国第一大粮食作物，也是主要的饲料作物。由于玉米种植收益高于大豆、杂粮等作物，且在国家政策支持下，农户种植玉米的积极性较高，玉米全要素生产率处于较高水平。在三大谷物中，小麦是中国调控政策发挥较好的品种，自 2006 年实施最低收购价政策以来，小麦连年增产，但小麦比较效益在三大谷物中一直处于最低水平，农民种植小麦积极性较低，这可能是小麦全要素生产率较低的原因。中国稻谷生产较为稳定，在新型工业化、城镇化深入发展背景下，稻谷比较效益偏低导致复种指数下降，农户稻谷种植的积极性受到影响，全要素生产率与小麦相差不大。大豆是中国进口量最大的农产品，21 世纪以来国内自给率持续下降，主要是由于大豆产量低、生产成本高、比较收益差，农户往往根据比较收益种植其他作物，这也是大豆生产效率低下的主要原因。

二是各粮食品种全要素生产率随经营规模扩大略有增加趋势，但超过 2 公顷后略有下降。根据图 5.1 至图 5.4 所示，2004 年以来四大粮食品种全要素生产率在波动中呈增长趋势，但在经营规模超过 2 公顷后，全要素生产率出现下滑，尤其是小麦品种较为明显。稻谷全要素生产率的波动较为复杂，不同年份间的趋势变化差异较大，主要原因可能是水稻种植区域较广，不同地区水稻种植环境各异，南方稻田与东北稻田生产方式完全不同。玉米全要素生产率的波动较为平稳，整体变化不大，随着玉米比较收益的持续向好，越来越多的农户种植玉米，从图 5.3 来看，玉米经营规模与全要素生产率的关系并不明显。大豆全要素生产率的波动差异较大，总体来看略有下降趋势，由于大豆比较效益偏低，部分地区农户仅在气候条件较差时改种大豆，从而计算的结果表现出一定的反向作用。

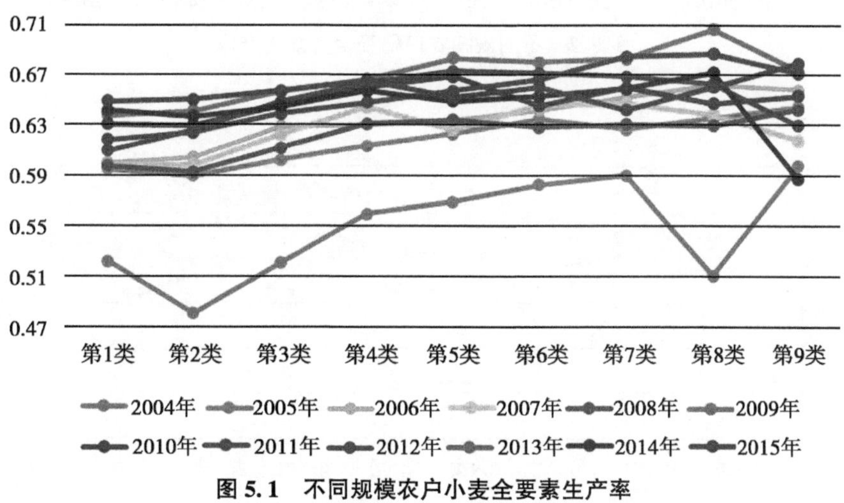

图 5.1　不同规模农户小麦全要素生产率

三是各粮食品种技术效率与农户经营规模关系显著，品种差异明显。技术效率是指实际产量与最大可能产量的比值，与生产可能性边界的概念联系在一起。生产可能性边界，指的是在一定的要素投入组合下可能达到的最大产出，不同的要素投入组合对应不同的产出，所有产出所形成的曲线便是生产可能性边界。生产可能性曲线以内的任何一点均表示生产还有潜力，即还有资源未得到充分利用，存在资源闲置；而生产可能性之外的任何一点，则是现有资源和技术条件所达不到的。只有生产可能性曲线之上的点，才是资源配置最有效率的点。但是，由于存在各种影响因素，最大产出是很难达到的理想数值。粮食生产的技术效率是指在粮食生产中，投入各种农业生产要

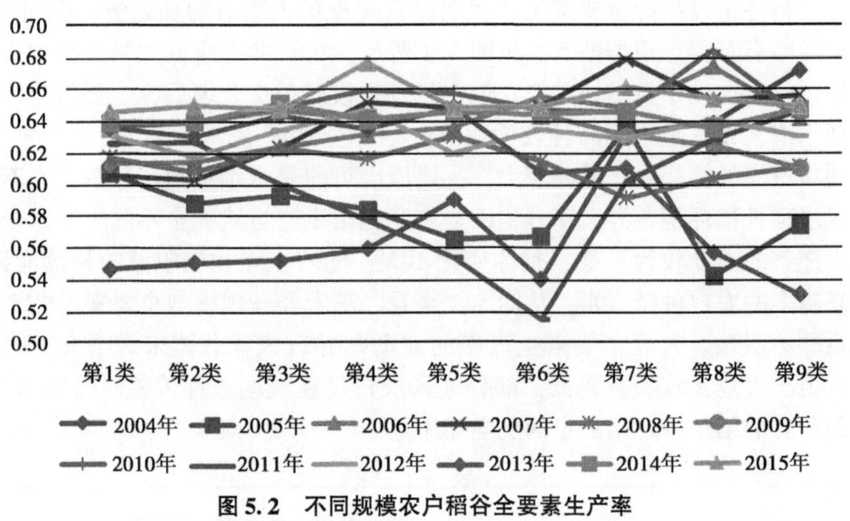

图 5.2　不同规模农户稻谷全要素生产率

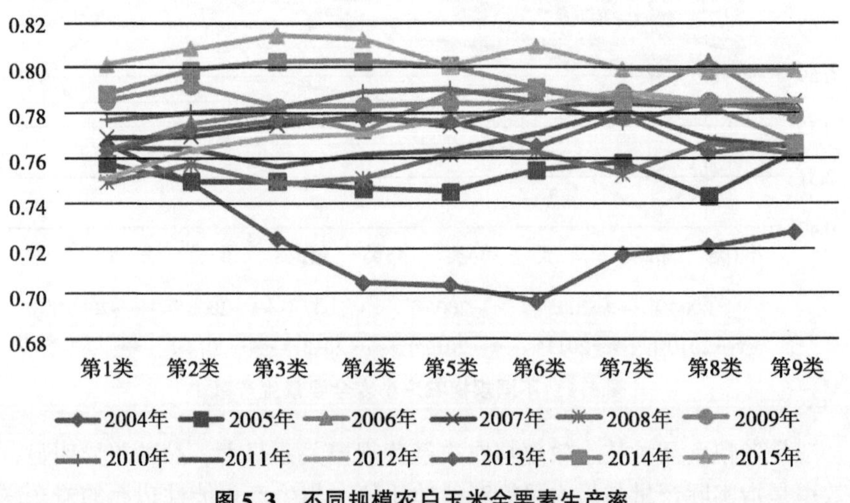

图 5.3　不同规模农户玉米全要素生产率

素所得到的实际产出和理想产出的比值，反映了农业资源综合利用效率的高低。由于物质投入的各个方面都受科技进步的影响，可以说是科技因素的物化，所以影响技术效率的因素也包括方方面面。根据式（5-7）测算，小麦、水稻、玉米和大豆四大粮食作物的技术效率与农户经营规模均存在显著关系，但是小麦、水稻和玉米与经营规模的关系为正向，大豆则是反向。结果表明，小麦、水稻和玉米的技术效率随着农户经营规模的扩大呈增加趋

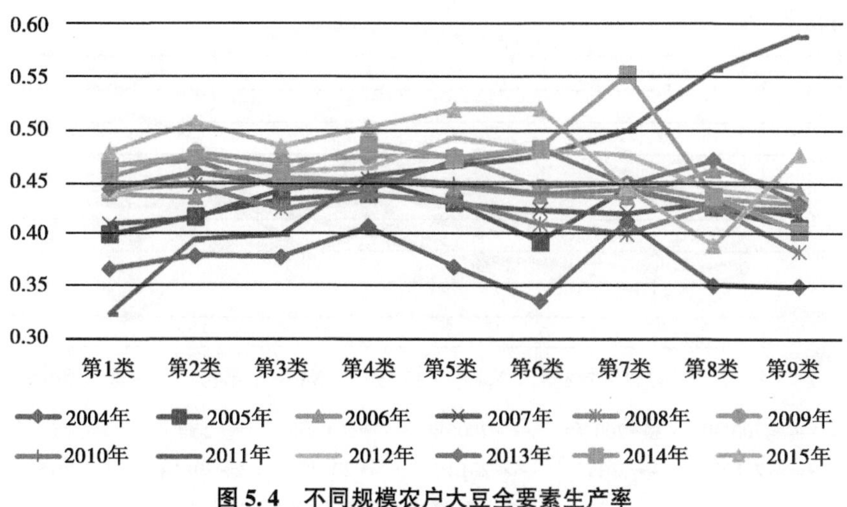

图 5.4　不同规模农户大豆全要素生产率

势，即随着经营规模的扩大，其实际产量与最大可能产量的差距越小，生产更有效率；但是，大豆的技术效率随着农户经营规模的扩大而呈下降趋势，即随着经营规模的扩大，其实际产量与最大可能产量的差距增大，生产效率下降（图 5.5 至图 5.8）。

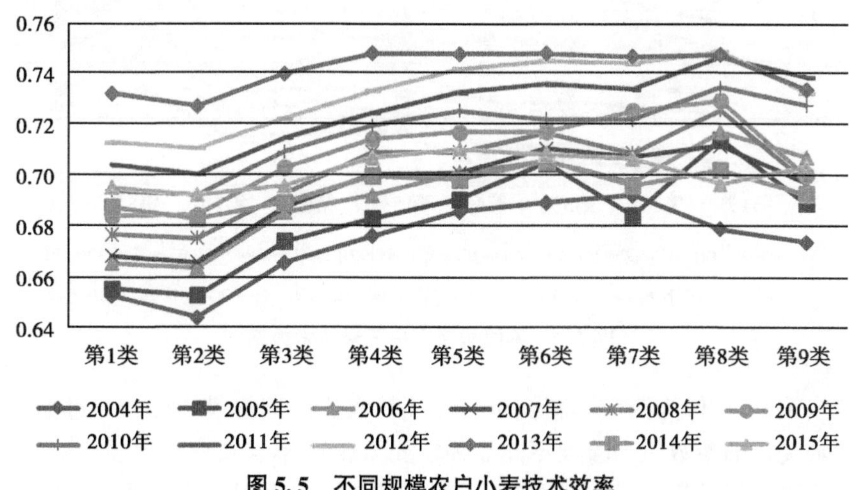

图 5.5　不同规模农户小麦技术效率

四是小麦和水稻的全要素生产率与农户经营规模呈倒“U”形关系，玉米和大豆关系并不显著。为了进一步验证农户生产效率与经营规模的关系，笔者设计了式（5-8）方程式，式中考虑把播种面积（Area）和播种面积的

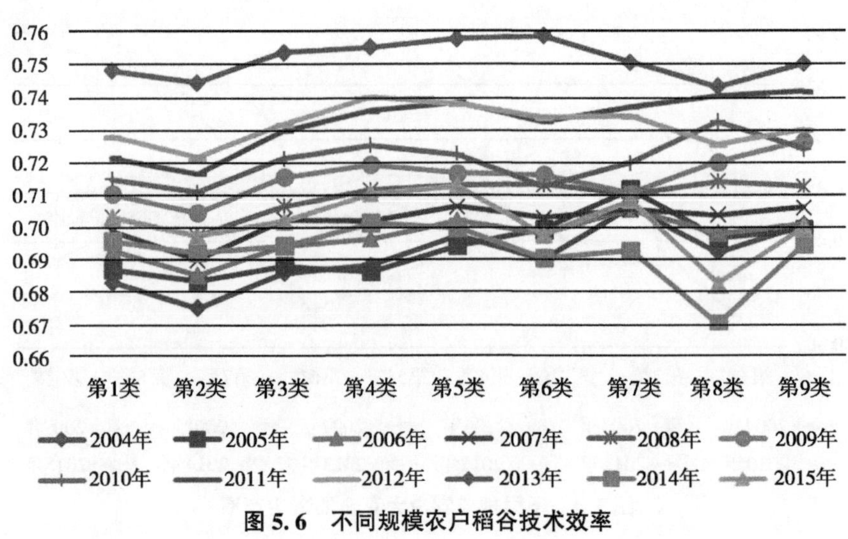

图 5.6　不同规模农户稻谷技术效率

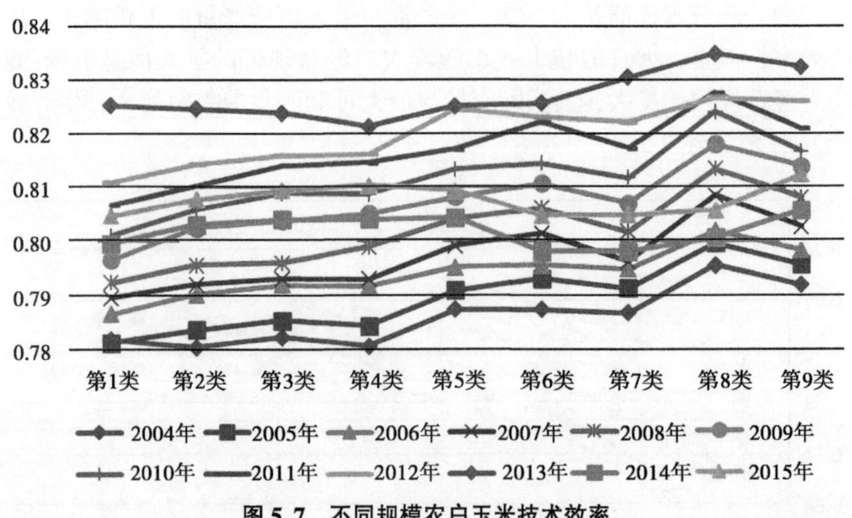

图 5.7　不同规模农户玉米技术效率

平方（$Area^2$）作为两个解释变量，并代替农户经营规模指标，通过估计两个解释变量的参数值来验证不同品种全要素生产率与农户经营规模的关系。根据模型模拟结果，两个解释变量即 Area 和 $Area^2$估计系数差异性较大，小麦和水稻的全要素生产率与农户经营规模即播种面积的关系极为显著（P 值<0.01），且 Area 系数为正，$Area^2$系数为负，表明小麦和水稻的全要素生产率与农户经营规模的关系呈倒“U”形，即随着农户经营规模的扩大，

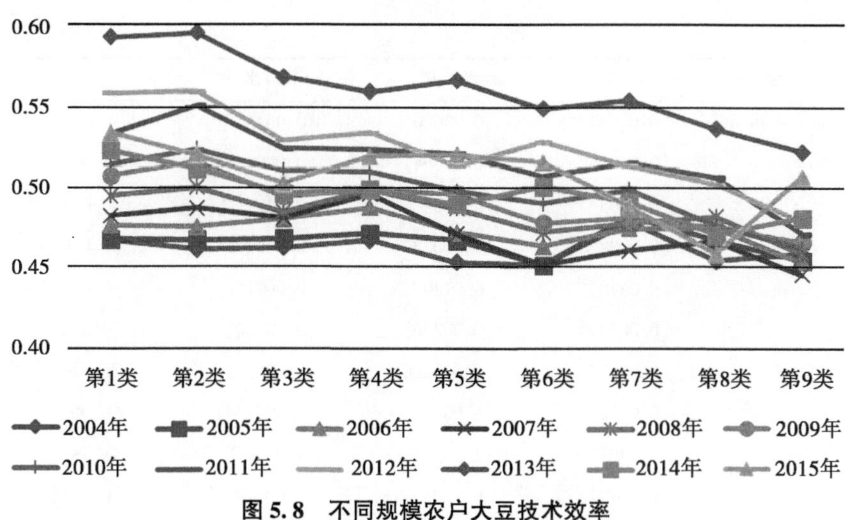

图 5.8　不同规模农户大豆技术效率

小麦和水稻的全要素生产率先呈上升趋势，但达到一定程度后，全要素生产率会随着农户经营规模的扩大而减少，这一结果客观证实了小麦和水稻种植最优经营规模的存在，也佐证了前述研究关于“小农户更有效率”的结论。同时，模型结果还显示，玉米和大豆全要素生产率的变化与农户经营规模的倒“U”形关系并不显著（表 5.5）。

表 5.5　不同粮食作物全要素生产率与农户经营规模、投入、家庭特征的实证关系

变 量	小 麦	水 稻	玉 米	大 豆
LnCapital	−0.156***	−0.227***	−0.174***	−0.115***
	(0.000696)	(0.00100)	(0.000574)	(0.00135)
LnLabor	−0.00360***	−0.00608***	−0.000855***	−0.126***
	(0.000269)	(0.000521)	(0.000179)	(0.00175)
LnEducation	0.000722	−0.000518	−0.000614	−0.00205**
	(0.000522)	(0.000744)	(0.000509)	(0.000983)
LnAge	0.00362***	0.00702***	−0.00209	0.000282
	(0.00125)	(0.00189)	(0.00131)	(0.00297)
LnLabor2	−0.00307***	−0.00415***	−5.62e−05	−0.00103
	(0.000457)	(0.000588)	(0.000366)	(0.000915)
LnNonfarm	0.00343***	0.00969***	0.00513***	0.000182
	(0.000729)	(0.000903)	(0.000514)	(0.00119)

（续表）

变 量	小 麦	水 稻	玉 米	大 豆
LnFragmentation	0. 00105 ***	0. 000201	0. 00151 ***	0. 00214 **
	(0. 000368)	(0. 000541)	(0. 000335)	(0. 000839)
t	0. 0305 ***	0. 0334 ***	0. 0227 ***	0. 0245 ***
	(0. 000226)	(0. 000259)	(0. 000196)	(0. 000364)
Area	0. 0370 ***	0. 0140 ***	0. 00211	0. 000187
	(0. 00549)	(0. 00296)	(0. 00180)	(0. 00273)
$Area^2$	-0. 00335 ***	-0. 000226 ***	-0. 000325 **	6. 88e-05
	(0. 00127)	(5. 96e-05)	(0. 000144)	(0. 000225)
Constant	1. 680 ***	2. 333 ***	2. 037 ***	1. 437 ***
	(0. 00797)	(0. 0108)	(0. 00719)	(0. 0145)
Observations	58 859	73 130	99 447	32 221
Number of id	13 409	16 335	23 045	9 230
R-squared	0. 670	0. 611	0. 604	0. 684

标注：* 代表 10%的显著性水平，** 代表 5%的显著性水平，*** 代表 1%的显著性水平

数据来源：作者整理

五是技术进步是影响农户全要素生产率的重要因素。根据对不同粮食作物全要素生产率与农户经营规模关系的验证，技术进步对四大粮食作物全要素生产率的提升均起到极其显著的正向作用（P 值<0. 01），表明科技进步对粮食生产的支撑作用越来越明显。中华人民共和国成立以来，农业科技贡献率已由“一五”时期的约 15%提高到 2015 年的 56%，科技创新的显著进步为支撑中国农业发展和确保国家粮食安全做出了突出贡献。2012 年中央一号文件明确指出要依靠科技创新驱动，引领支撑现代农业建设，2015 年中央一号文件也进一步指出要强化农业科技创新驱动作用。科技创新是小农户转型发展的重要支撑，已逐步渗透到农业生产、经营和服务的方方面面，不断提高土地产出率、资源利用率和劳动生产率，为现代农业转型提供保障。根据第三次全国农业普查结果显示，2016 年年末三大粮食作物均达到较高机械化水平，其中小麦机耕、机播和机收的比重分别达到 94. 5%、82. 0%和 92. 2%；玉米机耕、机播和机收的比重分别为 73. 7%、69. 9%和 61. 7%；稻谷机耕、机播和机收的比重分别为 83. 3%、29. 0%和 80. 1%。农业科技的快

速进步为农业规模化发展提供着越来越多的资本节约型技术和劳动节约型技术，将极大地提高农业劳动生产率和全要素生产率。

第五节　本章小结

本章利用随机前沿生产函数测算不同作物、不同规模农户的全要素生产率、技术效率，并验证农户经营规模与全要素生产率、技术效率的关系，得到以下研究结论。

第一，四大粮食作物全要素生产波动增长，但品种差异较大。其中，2004—2015 年，小麦从 0. 5144 增长到 0. 653，水稻从 0. 5536 增长到 0. 6497，玉米从 0. 7422 增长到 0. 806，大豆从 0. 3741 增长到 0. 49。玉米全要素生产率最高，水稻和小麦次之，大豆最低。这一结果主要得益于 21 世纪以来中国农业农村支持政策体系的逐步建立以及农业科技进步的不断提高，粮食生产的整体科技水平在不断提升。

第二，不同粮食品种全要素生产率随经营规模扩大略有增加，小麦最为明显。结果显示，小麦全要素生产率随着农户经营规模的扩大而变化的趋势最为明显，呈先升后降趋势，即当农户经营规模超过 2 公顷后，小麦全要素生产率出现下滑。稻谷全要素生产率的波动较为复杂，不同年份间的趋势变化差异较大；玉米全要素生产率的波动较为平稳，整体变化不大，随着玉米比较收益的持续向好，越来越多的农户种植玉米，玉米全要素生产率也相对较高；而大豆由于比较效益偏低，农户种植大豆积极性不高，大豆全要素生产率的波动差异较大。

第三，各粮食品种技术效率与农户经营规模关系显著，品种差异明显。根据测算结果显示，小麦、水稻、玉米和大豆四大粮食作物的技术效率与农户经营规模均存在显著关系，但是小麦、水稻和玉米与经营规模的关系为正向，大豆则是反向。随着近年来各级政府对粮食生产的关注，尤其是一系列支农惠农政策的实施，粮食作物种植良种、良法配套推进，粮食生产科技普及和推广应用较快，为农户规模化经营奠定了良好基础。由于大豆比较效益偏低，国内外价格差扩大，中国大豆对外依存度持续升高，与大豆规模化生产相配套的技术发展缓慢。

第四，小麦和水稻的全要素生产率与农户经营规模呈倒“U”形关系，玉米和大豆关系并不显著。小麦和水稻的全要素生产率与农户经营规模的关系呈倒“U”形，即随着农户经营规模的扩大，小麦和水稻的全要素生产率先呈上升趋势，但达到一定程度后，全要素生产率会随着农户经营规模的扩大而减少，这一结果客观证实了小麦和水稻种植最优经营规模的存在，也佐证了前述研究关于“小农户更有效率”的结论。同时，模型结果显示，玉米和大豆全要素生产率的变化与农户经营规模的倒“U”形关系并不显著。关于小农户是否有效率的研究讨论持续存在，本研究客观证实了之前关于两者关系的假说，即生产效率与农户经营规模之间的倒“U”形关系，但是不同品种存在差异，这种关系也仅存在于现阶段小麦和玉米的小农户种植中。

第五，技术进步是影响农户全要素生产率的重要因素。模型结果显示，技术进步对四大粮食作物全要素生产率的提升均有极其显著的正向作用，科技进步对粮食生产的支撑作用越来越明显。科技创新是小农户转型发展的重要支撑，为农业规模化发展和现代农业转型提供了重要保障。农业科技的快速进步可以为农业规模化发展提供越来越多的资本节约型技术和劳动节约型技术，将极大地提高农业劳动生产率和全要素生产率。

第六章　农户经营规模变迁的理论机制和影响因素

自20世纪中期以来，全球范围内农户经营规模变迁的规律性并不显著，但区域差异较大，总体表现为发展中国家农场平均规模呈缩减趋势，发达国家农场平均规模呈扩大趋势。作为最大的发展中国家，受新型城镇化、科技进步、农业政策等因素影响，现阶段中国农户经营规模呈明显上升趋势，尤其是“十二五”时期以来，显现出当前中国农业农村形势的巨大变化。正视这种变化和由此带来的各种挑战将是现阶段推动乡村振兴、实现农业农村现代化发展的重要基础。基于前文证实的农户经营规模与生产效率之间的关系，本章从农户经营规模变迁的理论机制入手，系统研究农户经营规模变迁的客观规律以及各种因素的影响机理，准确把握农业农村现代化过程中将面临的重大问题，及时发现乡村振兴过程中的趋势性挑战，为推动现阶段小农户顺利转型提供理论支撑。

第一节　影响农户经营规模变迁的理论机制

如何确定农户最优经营规模是国内外学者普遍关注的一个重要课题。Eastwood *et al.*（2010）提出了在一个理想状态下确定农户最优经营规模的理论方法，将农户经营规模与经济社会发展联系在一起。假定国民经济发展可以提高农户的机会成本，随着农业技术的进步，资本变得相对便宜，劳动力资源逐渐稀缺，并变得相对昂贵。为了确定农户最优经营规模，先做如下假设：一是假设每个家庭未雇佣劳动力，每个家庭的农业劳动力数量相同，交易成本为零；二是总产出用字母Y表示，仅取决于土地和劳动力投入，规模报酬不变，符合单要素收益递减规律；三是经营耕地不存在质量差异，即不存在异质性，且耕地数量固定；四是农户家庭会根据产出拥有对机会成本（记为U）的完全弹性；五是土地市场属于完全竞争市场。

如图6.1所示，土地经营规模记为N，单位面积地租记为R，土地总产出是经营规模的函数，记为F（N），因此，理想的农户经营规模要使

（6-1）式最大化，即

$$R = (F(N) - U) / N \quad (6-1)$$

对（6-1）式求一阶导数，即得出最优经营规模，记为 N^*：

$$N^{**}F'(N^*) = F(N^*) - U \quad (6-2)$$

图 6.1 显示了农户经营规模是如何确定的，即图中 N_0 和 N_1 分别代表不同机会成本下的农户最优经营规模。随着经济社会发展尤其是非农就业机会的增加，农户对土地的需求会下降，导致曲线下行，推动农户最优经营规模由 N_0 增加到 N_1，即农户只有扩大经营规模才能使他们的收入水平维持正常生计。

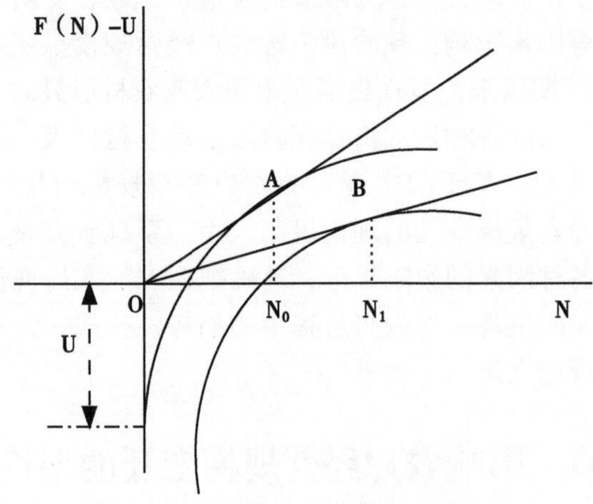

图 6.1　农户最优经营规模的确定

在该理论框架下，可以清晰得出农户经营规模随着经济发展呈增加趋势（机会成本的不断提升）的结论，不过由于存在各种假定条件，客观限制了该框架的解释力。即便如此，仍然可以得出农业科技进步、农业土地制度、农业政策等因素变化对农户最优经营规模变迁的理论影响。本部分重点研究这些因素变化给中国农户经营规模可能带来的影响，为制定应对农户经营规模变迁的相关配套政策提供理论支撑。同时，许多学者围绕农户特征对农户经营规模的影响做了很多研究，得出诸如户主情况、家庭特征、土地流转条件及社会资本等因素对农户经营规模影响的结论。

第二节　农户经营规模的影响机理分析

一、农业科技进步

农业科技进步是影响农户经营规模变迁的重要因素，这种影响主要体现在规模经济和劳动节约型技术进步两个方面。由于各国农户经营规模存在巨大差异，学术界对于农户经营是否存在规模经济尚存争议，但目前可以证明的是在畜禽养殖领域的确存在着规模经济，在粮食生产领域并不存在显著的规模报酬递增现象。与小农户相比，大农户更能够充分利用科技进步优势节约生产成本，使用资本密集型农业生产工具提高生产能力。随着新型城镇化的快速发展及农村劳动力的不断转移，劳动力成本持续攀升，资本成本相对下降，这将推动劳动节约型农业科技成果的广泛应用，进而影响传统的农业经营模式。

根据舒尔茨的农业理论，持续使用现代农业生产要素是推动农业转型的关键，农业机械作为一种重要的现代生产资料，它的不断使用是推动中国农户经营规模变化的重要动力。新型农业机械的使用可以有效减轻农业劳动力的工作压力，减少工作时间，提升工作效率，使单个农户能够经营更多面积的耕地。同时，农业机械化的发展也对品种改良等生物技术进步提出了更高要求，如培育方便农业机械在作物收获环节使用的新品种等。2004 年以来，在国家农机购置补贴等多项农业政策扶持下，中国联合收获机等大型机械数量大幅增加，农业生产机械化水平得到大幅提升，2015 年农作物综合机械化水平增加到63%，比2005 年提高27 个百分点（图6. 2）。根据第三次全国农业普查结果（2017）显示，2016 年末全国联合收获机 114 万台，排灌动力机械 1 431万套，较 10 年前分别增长 105. 3%、6. 1%。随着农业机械的大量使用，主要粮食作物机械化水平不断提升。其中，小麦机耕、机播和机收的比重分别达 94. 5%、82. 0%和 92. 2%；稻谷的机耕、机收程度略低于小麦，分别达 83. 3%和 80. 1%，机播比重较低，仅 29. 0%；玉米机耕、机播和机收的比重分别达 73. 7%、69. 9%和 61. 7%，机械化耕收程度低于小麦和稻谷。作为农业规模效应最重要的潜在原因，农业机械只有大面积作业才能把单位成本降至最低，因此农业机械化的迅速发展为农户经营规模的扩大奠定了基础。根据 Eastwood *et al.* 的研究，农业机械属于劳动节约型技术进步，它的发展将在一定程度上推动农户最优经营规模逐步扩大。当然，小农户也可以

通过租用或雇用等方式享受农业机械化的应用成果。

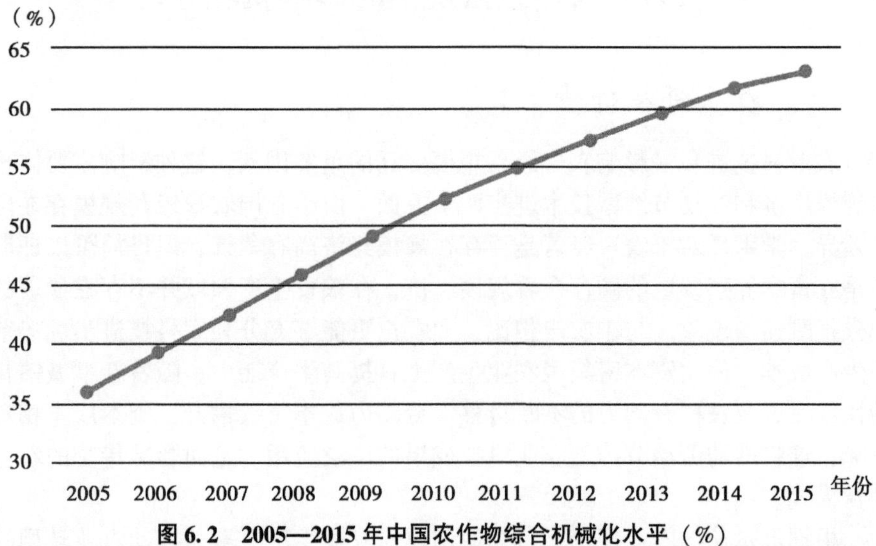

图 6.2　2005—2015 年中国农作物综合机械化水平（%）

现阶段，农业科技已渗透到农业生产的产前、产中及产后各个环节，其中，动植物遗传资源与育种技术、生物技术、信息技术等一些关键技术的应用与推广，从根本上改变了传统农业的生产方式。塑料薄膜覆盖栽培技术的推广应用带动了设施农业的发展，对作物生产过程中的抗病、抗旱、抗低温、反季生产等起到了决定性作用，极大地提高了产出效益。由于中国不同区域资源禀赋、经济发展、生态环境等差异较大，农作物品种较为丰富，客观上决定了农业科技成果的多样化。正如 Eastwood *et al.* 所说，不同类型的农业科技成果对农户经营规模的影响机理也不尽相同。然而，随着经济社会发展，资本密集型农业技术（农业机械等）将得到越来越广泛的应用，资本要素的边际生产率提高，形成对劳动力的替代与节约，为农业实现规模化、集约化生产奠定了良好基础。

二、农村土地制度

农村土地制度是影响农户经营规模的另一个重要因素，土地资源的优化配置可以推动农业农村发展，对促进农村经济社会的发展具有重要意义。从世界各国农业农村发展的历史来看，农村土地制度的形成都具有一定的历史背景，且随着经济社会的发展而不断得到调整。中国于 20 世纪 70 年代末推行以家庭联产承包责任制为标志的农村基本经营制度改革，使农民获得了相对独立的土地承包经营权，从而确立了中国以小农户为主的农业经营模式。随着经济社会发展，许多地方基于家庭承包责任制进行频繁的土地调整，部分地区还开展了各种形式的制度创新实践，使土地承包制和土地承包关系得到进一步规范和稳定，农民的土地权益得到强有力保障。进入 21 世纪以来，《中华人民共和国农村土地承包法》和《中华人民共和国物权法》相继颁布与实施，使农民在土地承包中获得的土地承包经营权以及其他各类土地财产权利正式获得国家法定的物权地位，农村土地制度迈入法制化阶段，小农户的经营模式得到法制保障。

根据产权理论，只要交易成本为零，初始的权利无论如何安排都可以达到帕累托最优。但是，农村土地制度涉及农业农村方方面面，土地质量差异、合同不规范、流转随意性大等问题均增加了农村土地流转成本，影响了农户经营规模变迁，需要相应的制度进行规范。为应对大量农村劳动力外出的局面，逐步规范农村土地流转，中央政府在十八大后确立了本轮农村土地制度改革的总体框架，即承包地“三权分置”，落实集体所有权、稳定农户承包权、放活土地经营权，有力推动了新型农业经营主体的建设和农户经营规模化的提升。土地流转是以小农户为主的国家实现农业现代化的重要方式之一。作为以小农户经营为主体的典型代表，日本于 1952 年颁布《农地法》确立了农户土地所有权的永久地位，此后，日本政府不断地采取多种举措来完善农村土地流转制度。法国也先后颁布《农业指导法》《农业指导补充法》来对农村土地流转制度进行完善。美国作为典型的市场化国家，农村土地流转也有完善的法律保护。可以说，农村土地制度的完善是农户经营规模变化的根本保障，它会随着经济社会的发展进行着相应的改革与调整，确保实现农业生产的高效率。现阶段，农村土地仍然是大多数农民赖以生存的主要生产资料，在社会保障体系不健全、户籍制度改革配套政策不完善、城乡二元结构仍然存在等背景下，土地的社会保障功能不可忽视，它对效率具有明显的正向作用。可以确保生产力不至于在突发破坏性事件（如疾病、失业等）发生时遭到摧毁性打击，这种对生产力的保护显然有助于提高经济效率。现阶段，中国的土地制度改革有利于规范土地流转，在推动农户经营规模扩大的同时确保小农户利益。

三、农业政策

农业政策对农户经营规模的影响机制较为复杂，现阶段中国农业政策制定的基本出发点是促进新型农业经营主体发展，且有针对性地采取了一系列扶持政策（如新型农业经营主体扶持、规范农地流转、农机购置补贴等）。相比于小农户，农业规模化经营投入大、风险高，仅靠农户自己的经济实力以及农业生产本身的资本积累，很难实现对农业的持续投资。因此，农业的弱质性客观上要求政府给予更多扶持。发达国家经验表明，农户规模化经营要有完善的配套政策保障，涵盖法律、补贴、税收、财政支持等多个方面。21 世纪以来，中国在彻底取消农业税、农业特产税、牧业税、屠宰税的基础上加大了对一般性公共服务的投入，逐步建立和完善了以四项补贴（粮食直补、农资综合补贴、农机具购置补贴和良种补贴）为核心的强农惠农政策，先后出台了最低收购价制度（稻谷、小麦）和临时收储政策（玉米、大豆、油菜籽等重要农产品），初步形成了支持现阶段中国农业发展的政策体系，为农业规模化经营创造了良好的政策环境。

近年来，得益于各项强农惠农富农政策的实施，中国农业经营形式的多元化发展取得较大进步，各类种植大户、家庭农场、农民专业合作社以及农业龙头企业发展迅速，新型农业经营体系的框架初步形成。据第三次全国农业普查结果显示，2016 年末全国农业经营单位达到 204 万个，比 2006 年增长 417.4%。其中，以农业生产经营或服务为主的农民专业合作社从无到有迅速增至 91 万个。在农民专业合作社、家庭农场、农业企业等新型农业经营主体大量涌现的同时，服务于农业农村的社会化服务组织体系也逐步建立，为提升农户扩大规模经营意愿奠定了良好基础。但是，当前的农业政策体系仍处于不断完善调整中，推动新型农业经营主体发展仍是一个长期的过程，例如，针对近年来工商资本进入农业领域步伐加快的现状，需要从政策角度进行规范和引导，在充分发挥工商资本优势的同时，避免其带来的负面效应。新型农业经营主体的培育过程，也是小农户转型的过程，各项配套政策与措施均要统筹考虑，确保农业生产各要素的积极性。

四、新型城镇化和人口结构的变化

由于比较效益的存在，新型城镇化和工业化的快速发展继续保持着对农村劳动力的吸引力。同时，人口结构的变化对中国农户经营规模的影响将逐步扩大。根据前面理论可知，新型城镇化和工业化的发展带来劳动力机会成本的升高，农户经营规模将继续保持增长势头。

一是新型城镇化持续快速推进，农村劳动力继续快速转移。2011 年，中国城镇人口达到 6.9 亿，首次超过农村人口，新型城镇化步入快速发展区间

(图6.3)。由于农业比较效益持续偏低，近年来中国农民工数量仍呈逐年增加趋势。据统计，2016年中国农民工总量达到2.82亿人。与此同时，全国农村固定观察点数据显示，进入21世纪以来，农村家庭劳动力和农业劳动力均呈持续减少趋势，务农劳动力人均资源占有量相应增加，有利于推动农业生产规模化和机械化。

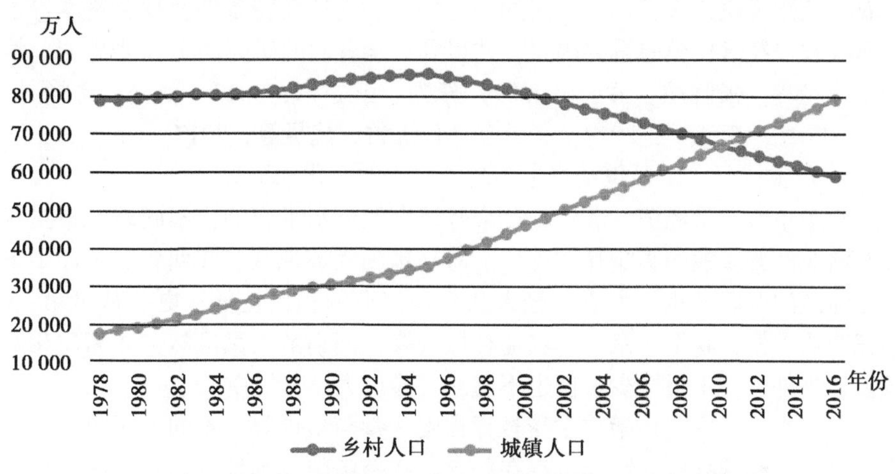

图6.3 1978年以来中国乡村人口和城镇人口变化趋势

二是人口老龄化结构的出现将加重对农业农村的影响。按照国际通行标准，20世纪末中国人口年龄结构便已开始步入老龄化阶段。进入21世纪以来，人口老龄化速度加快，劳动力成本持续上升，传统的劳动密集型产业将逐渐向资本密集型、技术密集型产业转变。伴随着城镇化的快速推动，人口老龄化对农业农村地区的影响将呈加剧趋势，主要是因为城镇地区的流动人口可以稀释人口老龄化的不利影响，但农村地区的人口老龄化现象将更为突出，今后一个时期，乡村振兴的最大难点将是如何应对农村地区"新人"(如何培养)和"老人"(养老及社会保障)问题。

三是农村务农人口的急剧减少。对新型农业经营主体的扶持政策有助于缓解农业劳动力减少的状况，但无论如何，新型城镇化将导致小农户数量的急剧减少，未来农户经营规模的扩大不可避免。因此，如何提升农户经营规模，增加相关的配套政策、配套技术等将至关重要。"十二五"以来，中国政府先后调整国家计划生育政策，从"单独二孩"到"全面二孩"，旨在延缓人口老龄化及未来劳动人口不断走低趋势，实际效果有待观察。但是，人口老龄化及新型城镇化对乡村振兴的影响已开始显现，在现有政策不调整的背景下该状况将一直持续，并呈加剧趋势，客观上造成农户经营规模的不断扩大。

五、农业经营者素质

除科技进步、农地制度、农业政策、新型城镇化及人口结构变化等因素对农户经营规模造成影响外，诸如家庭特征、土地流转条件及社会资本等也是影响农户经营规模的重要因素，并得到了学者们的研究证实（张忠明、钱文荣，2008；张晓敏、潘丹，2009；陈彪、王志彬，2013；姜松、曹峥林、刘晗，2016；李练军，2017；文长存、孙玉竹、魏昊等，2017）。

1. 户主情况：主要包括户主年龄、户主的文化水平等

户主年龄。受经济、文化、社会等综合发展水平影响，不同地区户主年龄对农业经营规模的影响存在差异。对新疆阿克苏地区、江西省、长江中下游等地区的调研显示，由于年轻人从事种植业的积极性低、更多从事第二、第三产业工作，其不愿意扩大农业种植规模；而高龄农民虽然身体素质相对较差，且外出打工机会少，但也不愿意冒险扩大经营规模。

文化水平，主要包括户主受教育程度、参与培训等。不同地区户主文化水平对农业经营规模的影响也存在差异。在新疆阿克苏地区、长江中下游等地区，受教育程度越高，获得非农就业机会的可能性就越高，农户更倾向于缩小农地规模，从事非农工作。但在江苏省连云港等地区，户主受教育水平越高的农户，其更倾向于扩大农业经营规模。这种差异的存在，与被调研地区的第二、第三产业发展水平、农户获得非农就业机会的难易程度与成本、农户的收入水平等因素相关。除了受教育程度，农户是否拥有"技能"（包括农业技能和非农业技能）对农户是否扩大农业经营规模也存在着一定影响。在培训方面，农业技术培训对农户规模化经营选择有显著正向影响，参加农业技术培训次数越多的农户，其进行农业规模化经营的倾向越高。

2. 农户家庭特征：主要包括家庭人口数量、收入结构等

家庭人口数量。在新疆阿克苏地区、江西省，家庭人口数量越多的农户，由改善生活质量所带来的经济压力便越大，迫使年轻力壮的劳动力外出打工，通过比较效益较高的第二、第三产业来增加家庭总收入，并导致农户缺少扩大农业经营规模的愿望。但在江苏省连云港等地区，家庭人口数量越多，其转入土地、扩大农业生产规模的倾向越高。

收入结构。农户是否愿意扩大农业经营规模与农户的收入结构存在关系，非农收入占比越高的农户，对土地的依赖性越低，其缩小农业经营规模

的意愿越强烈。

3. 农业经营与土地流转条件：主要包括现有土地经营规模、土地流转成本、土地流转难度等

现有人均土地经营规模。不同区域现有人均土地经营规模对农业经营规模有着不同的影响。在江苏省连云港等地区，现有人均土地经营规模越大的农户，其扩大农业经营规模的愿望越强烈。但在新疆阿克苏地区及江西省、安徽省等长江中下游等地区，现有人均土地经营规模越大的农户，农户越缺乏转入土地的激励，其扩大农业经营规模的愿望较小。

农业经营类型。以经济作物为主，那么扩大种植规模后收益也会相对增加，但是随之而来的劳动力短缺情况也会加剧，资本替代不能解决这一根本问题。如果以粮食作物为主，那么在扩大土地经营规模后则能够以资本替代解决劳动力短缺问题，但是这些农户的主要经济来源却并非农业收入，因此种植类型对农户经营规模的影响不够明确。

土地流转成本。土地流转价格越高，农民扩大经营规模的意愿会下降，但同时愿意缩小经营规模的农民则有所增加。

地块数量。地块数量反映了农地细碎化程度，土地的零散分布会制约其规模效益，增加农户的管理成本。为了降低成本，农户倾向于转入土地、进行农业规模化生产。此外，地块数量越多的农户，在一定程度上说明农户所拥有的土地资源禀赋越多，从而其进行规模户经营的需求越强烈。

农业服务。灌溉排水服务、机耕服务、防治病虫害服务和种植规划服务等农业社会化服务项目越完善、服务层次越高，越有利于推动农业（土地）经营规模的扩大。在农业机械使用方面，农户自家拥有农机变量和区域农业机械化水平变量都对农户粮食规模化经营行为有显著正向影响，家庭生产性资产拥有量越多，进行粮食规模化经营能够让生产性资产获得更充分的利用，获取规模效益，农户也就越倾向于扩大农业经营规模。

4. 社会资本：主要包括信贷、保险及合作组织等

信贷。由于正规银行信贷服务不足，农户获取正规银行信贷困难，因此正规信贷对农业规模化经营的推动作用并不明显。但基于熟人关系的民间借贷，却能够满足农户购买农业生产物资、进行农业规模化经营所需的资金需求，推动农业的规模化经营。

农业保险。由于农户对农业保险认知不足、当地尚无开展农业保险的公司等原因，农业保险在农户中的普及率不足，对农户规模化经营的影响有待进一步研究。

农业合作组织。相对而言，农业规模化经营面临的自然风险和市场风险更大，农业合作组织有助于将分散的农户与大市场实现连接，提高农户的适应和应变能力，推动农业规模化的发展。

第三节　本章小结

Feder（1985）指出，农地规模与土地单位产出之间的反向关系和多重市场缺陷有关，其原理就是恰亚诺夫的自我剥削机制。然而，实际情况要比Feder的模型更繁杂一些，不仅涉及农业农村发展的微观环境，更涉及经济发展的宏观背景。本章依据Eastwood *et al.*（2010）的研究基础，系统分析了农业科技进步、农地制度、农业政策、城镇化和人口结构变化等因素对农户经营规模的影响。随着新型城镇化的快速推进，农业生产的机会成本仍在不断攀升，对农村劳动力的吸引仍在继续，农户经营规模呈扩大趋势，人口结构的变化将加剧这一趋势，并为乡村振兴带来新人和老人的重大难题，克服这个问题需要及早制定相关措施预防。不同农业科技进步类型对农户经营规模的影响机理不尽相同，劳动力节约型技术将有巨大发展空间，不同区域、不同品种、不同环节农业科技进步有相互影响的作用，对农户经营起到重要支撑作用。农地制度和农业政策是农户规模经营的重要保障，对培育新时代新农民具有重要意义，但是要重点处理好“新人”和“旧人”的关系，尤其是小农户和大农户之间的利益关系。关于农户特征与农户经营规模关系的研究较多，并均出了相应的实证结果，但是不同区域的结果存在差异。

第七章　结论和讨论

第一节　结　论

1. 新时期中国小农户发展正呈现出新的阶段性特征

本书基于全国农村固定观察点的连续大样本数据进行农户经营规模与生产效率之间关系的比较研究，将对农户经营规模与生产效率之间关系的研究从单个地区、单个品种、单个时期拓展到全国不同区域、不同品种以及不同时期，实现了两者关系动态变迁的系统分析。进入 21 世纪以来，尤其是“十二五”时期以来，中国小农户的发展正呈现出新的阶段性特征：一是户均耕地经营规模由递减转为递增，东北地区户均经营规模远高于其他区域。自 1986 年以来，中国农村户均耕地经营规模由递减转为递增，尤其是在进入新世纪后，农户户均耕地面积呈明显增长态势。其中，东部、中部和东北地区显著增长，西部地区受退耕还林还草政策影响，略有下降；二是小规模农户和大规模农户数量不断增长，中间规模农户数量持续减少。按世界银行标准，1986—2015 年，虽然农业经营结构中小农户占比有所下降，但仍是农业经营的绝对主体。从各类农户演进变化分析，不同类型的小农户变化趋势差异较大：一方面经营面积低于 0. 25 公顷和大于 1. 25 公顷的农户数量都在增加，这一趋势在中部地区最为明显，另一方面，经营面积位于 0. 25 公顷和 1. 25 公顷之间的农户数量总体在减少，这一趋势在东北和西部地区最为明显；三是农户收入结构与农户经营模型之间的关系呈规模律性变化。自 1986 年以来，中国农户粮食收入占家庭总收入的比重持续下降，由最初的 40. 4%下降到 15. 1%，但粮食收入占比随着经营规模扩大而增加的特点持续显著。随着经营规模的扩大，农户依赖粮食维持生计的可能性就越大，当经营规模超过 2 公顷时，粮食收入占总收入的比重就超过 50%。

2. 粮食单产与农户经营规模之间的关系正发生着转折性变化

研究表明，1986—2015 年，中国粮食单产与农户经营规模之间的反向关系正在发生明显变化，由最初的反向关系显著转变为正向关系显著，表明中国农业规模化经营的成效初显，尤其在新型农业经营主体迅速发展背景下，带动了农业科技应用、良种良法配套推广等，农户规模化经营的优势正在逐步显现。根据全国农村固定观察点数据测算，两者之间关系的转折点发生在“十二五”期间，可能原因主要包括：一是新型农业经营主体的发展。中国于2012年党的十八大报告中首次提出“新型农业经营体系”的概念后，受政策扶持等因素刺激，中国新型农业经营主体发展迅速，农地规模化经营的优势逐渐显现；二是农业科技进步的影响。21世纪以来，农业科技进步对农业的贡献率持续上升，2017年已达到56%。其中，农业机械化、育种科技进步等劳动力节约型技术进步对推动粮食规模化经营奠定了良好基础，成为两者关系转变的重要决定因素；三是粮食生产的比较收益持续偏低。正是由于这个原因的存在，农户种粮积极性不高，传统小农户粮食生产的优势逐渐丧失，农地规模化经营的相对优势开始凸显。

3. 不同粮食品种生产效率与农户经营规模之间的关系特点差异较大

针对是否存在最优的农户经营规模这一问题，将农户经营规模的单次项和二次项带入到不同品种的模型方程，通过对单次项系数和二次项系数的估计得出了不同品种生产效率与经营规模的关系特点，验证了最优经营规模的存在，并通过不同品种的比较研究进一步剖析原因。研究发现，不同粮食品种全要素生产率与农户经营规模之间的关系差异较大，小麦和水稻的全要素生产率和农户经营规模之间的倒“U”形关系显著，转折点出现在2公顷左右，这一结果客观证实了小麦和水稻种植最优经营规模的存在，也补充了之前研究关于“小农户更有效率”的结论。小麦、水稻、玉米和大豆四大粮食作物的技术效率与农户经营规模均存在显著关系，但是小麦、水稻和玉米与经营规模的关系为正向，大豆则是反向。随着近年来各级政府对粮食生产的关注，尤其是一系列支农惠农政策的实施，加上良种、良法配套推进，粮食生产科技普及和推广应用较快，为农户规模化经营奠定了良好基础。由于大豆比较效益偏低，农户种植大豆积极性不高，大豆全要素生产率的波动差异较大，与农户经营规模的关系并不显著。

4. 最优农户经营规模的变迁与农业科技进步等因素密切相关

本书基于传统的经济学理论框架研究了最优农户经营规模的变迁路径，并系统分析了农业科技进步、农地制度、农业政策、新型城镇化及人口结构变化等重要因素的影响机理。农户经营规模与土地单位产出之间的反向关系不仅与多重市场缺陷有关，更涉及农业农村发展的微观和宏观环境。基于Eastwood *et al.*（2010）的理论可以发现，最优的农户经营规模是不断变化的，不同农业科技进步类型对农户经营规模的影响机理不尽相同，劳动力节约型技术将有巨大发展空间，不同区域、不同品种、不同环节农业科技进步有相互影响的作用，对农户经营起到重要支撑作用。农地制度和农业政策是农户规模经营的重要保障，对培育新时代新农民具有重要意义，但是要重点处理好“新人”和“旧人”的关系，尤其是小农户和大农户之间的利益关系。随着新型城镇化的快速推进，农业生产的机会成本仍在不断攀升，对农村劳动力的吸引仍在继续，农户经营规模呈扩大趋势，人口老龄化结构的出现将使这一趋势加快，主要是因为城镇地区的流动人口可以稀释人口老龄化的不利影响，但农村地区的人口老龄化现象将更为突出，推动乡村振兴要及时制定应对政策。

第二节　讨　论

1. 关于小农户的主体地位

农户经营规模客观反映出一个地区资源禀赋、经济发展以及科技水平等综合性基础条件。基于特殊的基本国情，在未来很长一个时期内，小农户仍将是中国农业经营的重要构成主体。由于中国区域发展不平衡、科技水平不协调，再加上资源禀赋的区域差异，导致不同地区农户经营规模差距较大，并且这一特点今后仍将持续。东北地区自然资源条件较好，农户经营规模远超过其他地区，并持续处于增加趋势，在科技进步及区域经济发展推动下，今后东北地区农户经营规模仍将不断增加。东部地区经济基础较好，种粮务农机会成本高，今后农户经营规模的变化主要取决于新型城镇化的发展，农户兼业化经营将持续存在，农户经营规模的两极化发展趋势仍将持续。中西部地区大量农村劳动力转移，农户经营规模有持续扩大的基础，但是考虑到生态脆弱性以及资源禀赋较差等原因，中西部地区农户经营规模的多元化发展趋势将更加明显。

2. 关于不同品种经营规模与生产效率之间的关系

深入分析不同品种经营规模与生产效率之间关系及其原因将对农业政策制定者意义更大。本书分析了四大粮食作物农户经营规模与生产效率之间的关系，表明不同品种的两者关系不尽相同，与农业科技进步、农业政策等因素密切相关。如果再加上本文没有涉及的经济作物、畜禽产业等部门，农户经营规模与生产效率的关系可能还会有所差别，发达国家畜牧业存在规模效应已得到证实。在中国，随着畜禽养殖规模化的迅速发展，其生产效率与经营规模之间是否存在正向关系？农业科技、农业政策等因素又起到了何种作用？等这些问题需要进一步讨论。

3. 关于中国小农户转型的前景及面临的问题

根据研究结论，今后一段时期，在新型城镇化等因素影响下，中国农户经营规模扩大将呈加快趋势，小农户转型也将迎来挑战，因为实现小农户的顺利转型不仅涉及农户经营规模的简单扩大，更涉及配套科技、配套政策、配套劳动力以及其他配套资源的支撑。新型农业经营主体的发展有力弥补了小农户转型可能出现的部分问题，如社会化服务体系的建立与完善等，但是其他相关配套的推广及应用也至关重要，尤其是要做好小农户加速转变的预防工作及可能出现的各种挑战。

4. 关于农民增收与粮食安全、经营规模扩大与社会保障的矛盾

研究表明，虽然粮食产量增速较快，但粮食收入增速明显低于农业经营收入增速和其他非农收入增速，粮食比较收益依然偏低。因此，确保粮食安全与促进农民增收目标并不一致，如何在确保粮食安全的同时，促进农民增收仍是一个严峻的课题，这一点对小农户来讲则更为突出。要密切关注小农户的食物消费结构变化及发展趋势，作为一个人口数量庞大的群体，其任何改变都将影响着全国。由于制度滞后原因，农地对小农户的社会保障功能仍然存在，但是随着农户经营规模的扩大，小农户与大农户之间的利益关系将影响到小农户转型的持续性和稳定性。

5. 关于小农户与其他新型农业经营主体的关系

中国对小农户和家庭农场的界定差别较大，推动小农户顺利过渡到家庭农场等新型农业经营主体是当前中国农业政策扶持的着力点。但是，影响小农户转型的还有其他诸多要素，如果不能实现要素配套的供给，小农户将无法实现顺利转型，其他新型农业经营主体的发展也将受到限制。农业补贴政策在倾向新型农业经营主体的同时，更要关注新型农业经营主体与小农户的利益关系，是否有助于社会化服务体系的完善等。

6. 关于数据可获得性问题

统计数据的缺乏和无法比较是全球研究小农户面临的最为严重的问题，国内外学者针对中国小农户问题的研究较多，但由于数据可获性问题，研究更多集中在一个或多个区域及对全国情况的估算，缺乏对全国情况的系统准确研究。本研究利用全国农村固定观察点的农户监测数据进行研究，该套数据具有较强的权威性、准确性和系统性，基本能够满足本研究需要。然而，任何一套数据都难以十全十美，早期指标的设计可能难以达到当前使用要求

的标准，但不可否认这是一套相对细致、能够准确反映中国改革开放以来农业农村发展变化的重要统计数据，为本研究提供了重要的数据支撑。最后，由于部分指标存在不连续等问题，采取了一些技术处理，不同的处理结果可能影响到部分研究结论，但难以影响基本趋势，具体的处理方法在书中也有介绍。

参考文献

陈彪，王志彬 . 2013. 阿克苏地区土地规模经营意愿影响因素分析——基于 logistic 多分类回归模型［J］. 广东农业科学，40：216-219.

陈锡文 . 2013. 加快构建新型农业经营体系刻不容缓［J］. 求是，22：6-8.

陈锡文 . 2009. 中国农村制度变迁 60 年［M］. 北京：人民出版社 .

丁声俊 . 2013. 实体、实业、实效——德国农业的显著特征［J］. 世界农业，8：1-16.

杜鹰 . 2002. 中国农村人口变动对土地制度改革的影响［M］. 北京：中国财政经济出版社 .

段禄峰，魏明 . 2017. "三权分置"下农业土地规模经营与城镇化耦合发展机制研究［J］. 广西社会科学，8：74-78.

弗兰克·艾利思，艾利思，Ellis，等 . 2006. 农民经济学：农民家庭农业和农业发展［M］. 上海：上海人民出版社，

付俊红 . 2014. 美国发展家庭农场的经验［J］. 世界农业，12：18-20，28.

高丽萍 . 2013. 中国农业规模经营模式的选择研究［J］. 中国集体经济，16：5，38.

郭斌 . 2013. 农户耕地经营适度规模的合理确定：一个文献综述 . 西北农林科技大学学报（社会科学版）13：83-90.

黄云，廖铁军 . 2018. 三峡库区农业适度规模经营的影响因素及动态变化［J］. 重庆工商大学学报（社会科学版）1：81-91.

黄季焜 . 2010. 六十年中国农业的发展和三十年改革奇迹——制度创新、技术进步和市场改革［J］. 农业技术经济，1：4-18.

黄延廷，张晓静 . 2015. 城镇化进程中农地规模化的境外经验与启示［J］. 理论与改革，2：55-58.

黄正军 . 2011. 发展政策性农业保险的新思考［J］. 湖北社会科学，1：94-97.

黄宗智 . 2014. “家庭农场”是中国农业的发展出路吗？[J]. 中国乡村研究，1：100-125.

姜 松，曹峥林，刘晗 . 2016. 农业社会化服务对土地适度规模经营影响及比较研究——基于 CIIIP 微观数据的实证 [J]. 农业技术经济，11：4-13.

蒋和平 . 2013. 完善我国粮食主产区利益补偿的政策建议 [J]. 中国农业信息，3：7-9.

孔令孜，宁夏，麻小燕，等 . 2017. 国内外家庭农场的发展现状、特征、模式及启示 [J]. 江西农业学报，5：139-145.

孔祥智 . 2017. 健全农业社会化服务体系实现小农户和现代农业发展有机衔接 [J]. 农业经济与管理，5：20-22.

李光龙，张蒙春 . 2014. 我国西部农地规模经营现状及制约因素分析——以甘肃省永登县为例 [J]. 云南民族大学学报（哲学社会科学版）. 31：106-109.

李练军 . 2017. 粮食主产区水稻适度规模经营意愿影响因素研究——基于江西省 7 县 428 个水稻种植户的调查 [J]. 中国农业资源与区划. 38：130-137.

李颖明，王旭，刘扬 . 2015. 农业生产性服务对农地经营规模的影响 [J]. 中国农学通报，31：264-272.

李由甲 . 2016. 美、法、日三国家庭农场的发展经验及其启示 [J]. 农业经济 . 10：6-8.

廖西元，申红芳，王志刚 . 2011. 中国特色农业规模经营“三步走”战略——从“生产环节流转”到“经营权流转”再到“承包权流转” [J]. 农业经济问题 . 35：15-22.

林毅夫 . 2005. 制度、技术与中国农业发展 [M]. 上海：上海三联书店，56-58.

刘璐，韩浩，马文杰 . 2016. 政府支农政策对农业保险需求的影响机制研究 [J]. 农业经济问题 . 37：31-40，110.

刘英 . 2015. 美国土地流转制度研究 [J]. 世界农业 . 8：92-96.

刘宽斌，聂凤英 . 2015. 中国玉米生产率研究——基于 17 个省农户面板数据 [J]. 农业展望 . 11：43-49.

龙吉泽 . 2015. 德国的现代化农业模式 [J]. 时代农机 . 42：166-168.

马凯，赵海 . 2016. 德国扶持农业经营主体的措施及启示 [J]. 农村工

作通讯 . 11：65-66.

马欣，田志宏 . 2015. 巴西农业支持政策分析与借鉴［J］. 经济问题探索 . 3：14-18.

马雯秋 . 2013. 美国发展家庭农场的经验及对我国的启示［J］. 农业与技术 . 7：203-205.

聂凤英，Aadhwa A，王蔚菁 . 2011. 中国贫困县食物安全与脆弱性分析：基于西部六县的调查［M］. 北京：中国农业科学技术出版社 .

潘璐 . 2012. “小农”思潮回顾及其当代论辩［J］. 中国农业大学学报（社会科学版）. 29：34-48.

庞秀丽 . 2016. 关于促进家庭农场发展的指导意见［J］. 农民致富之友. 15：186-186.

钱克明，彭廷军 . 2014. 我国农户粮食生产适度规模的经济学分析［J］. 农业经济问题 . 35：4-7.

瑞定杰，康赛优 . 2000 对菲律宾土地改革的再思考［M］. 北京：中国经济出版社，100-103.

石淑华，颜姜慧 . 2014. 快速城镇化能同时带来农地规模化吗？［J］. 福建论坛（人文社会科学版）5：17-23.

石晓平，郎海如 . 2013. 农地经营规模与农业生产率研究综述［J］. 南京农业大学学报（社会科学版）. 2：76-84.

时悦 . 2015. 美国家庭农场发展经验及其启示［J］. 世界农业，3：40-44.

舒尔茨 . 2006. 改造传统农业［M］. 北京：商务印书馆 .

苏昕，刘昊龙 . 2017. 农村劳动力转移背景下农业合作经营对农业生产效率的影响［J］. 中国农村经济，5：58-72.

汪小红 . 2010. 制约我国农业规模经营的因素分析［J］. 现代农业，5：182-184.

王建军，陈培勇，陈风波 . 2012. 不同土地规模农户经营行为及其经济效益的比较研究——以长江流域稻农调查数据为例［J］. 调研世界，5：34-37.

韦青松 . 2014. 从日本脱离农地零碎化的经验谈我国农地规模化的对策［J］. 农业经济，11：18-20.

文长存 . 孙玉竹，魏昊，等 . 2017. 新形势下农户粮食规模经营行为及其影响因素研究——基于粮食主产区的调查数据［J］. 华中农业大学学报（社会科学版），3：8-16.
徐会苹.2013. 德国家庭农场发展对中国发展家庭农场的启示［J］. 河南师范大学学报（哲学社会科学版），40：70-73.
许庆，尹荣梁，章辉.2011. 规模经济、规模报酬与农业适度规模经营——基于我国粮食生产的实证研究［J］. 经济研究，3：59-71.
许庆.2013. 技术效率、配置效率与中国的粮食生产——基于农户的微观实证研究［J］. 人民论坛·学术前沿，16：84-95.
张红宇.2013. 农业规模经营与农村土地制度创新［J］. 中国乡村发现，2：1-6.
张慧宇.2013. 美、法、日三国家庭农场经验［J］. 北京农业，8：37-38.
张晓敏，潘丹.2009. 农户土地规模经营的意愿及影响因素分析——来自连云港市的实证［J］. 经济研究导刊，34：55-56.
张燕媛，袁斌，陈超.2016. 农业经营主体、农业风险与农业保险［J］. 江西社会科学，36：38-43.
赵鲲，刘磊.2016. 关于完善农村土地承包经营制度发展农业适度规模经营的认识与思考［J］. 中国农村经济，4：12-16+69.
赵鲲.2017. 完善承包经营制度发展适度规模经营［J］. 黑龙江粮食，1：39-41.
赵颖文，吕火明，刘宗敏.2017. 关于推进我国农业适度规模经营的几点思考［J］. 农业现代化研究，38：938-945.
中国农业发展网.2017. 完善农业保险体系助力现代农业发展［J］. 黑龙江粮食，4：18-19.
周应恒，俞文博，周德.2016. 德国农地管理与农业经营体系研究［J］. 改革与战略，5：150-154.
朱信永，高伟.2013. 新城镇化背景下的农村土地制度改革［J］. 宏观经济管理，3：50-52.
Anríquez G.，Bonomi G.，Long - term farming and rural demographic trends. Washington Dc World Bank，2008.
Araghi F. A.，Global depeasantization，1945 - 1990. Sociological Quarterly，1995，36：337-368.
Arias P.，Hallam D.，Krivonos E.，et al. Smallholder integration in changing food markets. 2013.

Assuncao J. , Ghatak M. , Can unobserved heterogeneity in farmer ability explain the inverse relationship between farm size and productivity. Economic Letters, 2003, 80: 189-194.

Christopher B. , Kuhns R. , The changing organization and well-being of midsize U. S. farms, 1992-2014. U. S. Department of Agriculture, Economic Research Service, 2016.

Hyden G. , Beyond ujamaa in Tanzania - under development and an uncaptured peasantry. African Studies Review, 2017, 25: 280-213.